3개
열쇳말로
읽는
베이징

3개
열 쇳말로
읽는

베이징

이은상 지음

이 책은 정부재원(교육인적자원부 학술연구조성사업비)으로 한국연구재단의 지원을 받아 연구되었음(KRF-2009-362-B00002).

※ 일러두기
지명과 1911년 신해혁명 이후에 활동한 인물들의 이름은 중국어 한글표기법에 따라 중국식 발음으로 표기하고, 그 외는 우리말 한자 독음으로 적는다.

머리말

이 책은 인문학에 관심이 많은 학생들에게 들려주고 싶은 베이징 이야기이다. 필자는 다년간 중국 문화 관련 강의를 해왔다. 베이징은 800년의 역사를 지닌, 중국에서 매우 오래된 도읍이다. 중국 각지를 여행했지만 베이징만큼 많은 이야기를 담고 있는 도시를 찾기가 쉽지 않다. 그래서 베이징을 여행하면서 중국 문화와 역사에 관해 이야기를 들려주는 형식으로 중국 문화 관련 강의를 진행해왔다. 이 책은 필자의 강의 노트를 정리하여 책으로 엮은 것이다.

담장, 원명원, 그리고 톈안먼 광장 등 3개의 열쇳말로 베이징에 관한 이야기를 풀었다. 첫 번째 열쇳말 담장으로는 중국의 전통적인 유교 중심의 세계관을 살펴보았고, 두 번째 열쇳말 원명원으로는 청나라의 역사와 문화를, 그리고 마지막 열쇳말인 톈안먼 광장을 중심으로 현대 중국의 역사와 문화에 관해 이야기했다.

지난 학기에 필자의 수업을 들은 여러 학생들이 이 책을 만드는 데 많은 도움을 주었다. 특히 김창규, 김선화, 강희주, 박소영 그리고 김진주는 중국을 여행하면서 찍은 사진 자료를 기꺼이 제공해 주었다. 필자의 강의를 들은 모든 학생들에게 감사하다.

2014년 7월 18일 수지에서
이은상

목 차

머리말

첫 번째 열쇳말 ▶ ▶ ▶ 담장

01

담장

01
중국을 둘러싸고 있는 담장

<그림 1> 중국이 '담장의 나라'임을 잘 보여주는 지도

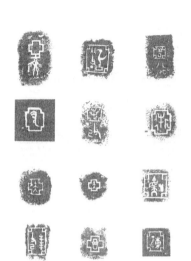

<그림 2> 청동기에 새겨진 '아亞'자 패턴의 명문

중국인들은 담장 쌓기를 좋아한다. 상나라(B.C. 약 1600~B.C. 1045) 때 중국인들은 이 세계가 5개의 네모난 땅으로 이루어져 있다고 생각했다. 그 한가운데 그들의 '중국中國'이 있고, 그 주위를 4개의 네모난 땅들이 둘러싸고 있다는 것이다. 여기에서 4개의 네모난 땅이라는 뜻을 지닌 '사방四方'이라는 개념이 생겼다. 당시 중국인들은 그들 주변에 있는 4개의 네모난 땅은 자신들과는 다른 이질적인 존재들이 살고 있는 땅으로 여겼다. 이러한 공간인식을 도식화한 것이 '아亞'자이다. 亞는 당시 중국인들이 생각했던 이 세계를 축소하여 표현한 상징부호이다. 당시 중국인들은 자신들과 같은 계통의 종족 집단들에게는 '亞'자를, 자신들과 다른 이질적인 존재들에게는 '방方'자를 붙여 자신들과 차별화했다.

중국인들의 자신들과 다른 존재들과의 차별화는 담장 쌓기에서도 나타난다. 고대 중국인들은 성벽을 쌓아놓고 성 안에서 살고 있는 사람을 '국인國人' 그리고 성 밖에서 거주하는 사람을 '야인野人'이라고 하여 담장 속에 있는 자신들과 담장 밖에 있는 타자를 차별화했다. 담장 안에는 문명이 있다. 담장 바깥에 사는 사람은 담장 속 문명의 혜택을 받지 못한다. 그래서 야인이다. 중국인들의 담장 사랑은 '안도安堵'라는 한자에서도 잘 나타난다. '편안한 담장'. 중국인들은 담장 안에 있으면 편안함을 느낀다.

<그림 3> 만리장성

　중국인들의 타자와의 구별 짓기는 그들이 쌓아 놓은 세계에서 가장 크고 긴 담장인 만리장성에서도 잘 나타난다. B.C. 7세기에 북방의 유목민족과 적국의 침입을 막기 위해 제후들이 장성을 쌓기 시작했다. 만리장성을 쌓은 것은 진시황제(재위 B.C. 246~B.C. 210)였다. B.C. 225년에 중국 통일을 이룩한 진시황제는 북방 유목민족들에 의해 반복적으로 행해지는 군사적 위협에 눈길을 돌렸다. 당시 중국의 북쪽에는 다루기 힘든 흉노라는 유목민족이 있었다. 그들은 필요한 농작물을 얻기 위해 자주 중국의 국경을 넘어왔다. 진시황제는 6국을 병합한 뒤 몽염蒙恬 장군을 파견하여 흉노를 정벌하고 제후들이 축조해 놓은 옛 장성들을 서로 연결한 것이 만리장성의 시작이다. 성벽은 흙으로 쌓았다. 만리장성은 30만 명의 병사들과 노동자들이 동원되어 20년이라는 오랜 시간이 걸려 완성되었다. 장성을 쌓는 노역에 끌려와 죽은 남편의 시신을 찾지 못해 슬픔에 잠겨 흘린 눈물이 성벽을 허물었다는 '맹강녀 이야기'는 만리장성에 얽힌 유명한 전설이다. 현존

하는 만리장성은 명나라 때 중건한 것이다. 명나라(1368~1644)는 1400년 된 만리장성을 다시 쌓았다. 북쪽에 위협적으로 존재하고 있던 몽골을 의식해서였다. 주원장이 명나라를 세운 1368년에 시작하여 1500년에 기본적인 틀이 완성되었는데 그 길이가 무려 12,700리에 이른다.

만리장성에는 한 가지 흥미로운 비밀이 숨겨져 있다. 만 리(약 4천㎞)나 이어져 있는 성벽이 문명과 야만의 경계선이라는 것이다. 만리장성의 북쪽 너머는 강우량이 부족하여 농경이 불가능하나, 만리장성의 남쪽 아래는 농작물의 경작이 가능할 만큼의 비가 내려서 일찍부터 농경사회를 이루었다. 그래서 만리장성은 유목문화와 농경문화를 가르는 경계선이다. 중국인들은 만리장성을 쌓아 자신들과는 다른 유목민족들을 차별화한 것이다.

02
베이징 담장을 걷다

옛 베이징의 구도는 고대 중국의 우주론에 바탕을 두고 설계되었다. 명나라 황제 영락제(재위 1402~1424)는 1400년대 초에 베이징을 수도로 선택하고 『주례周禮』에 기재되어 있는 풍수의 원칙에 따라 수도를 건설하도록 명했다. 영락제는 1360년에 명나라를 세운 주원장의 넷째 아들로 태어났다. 영락제가 어렸을 때 그의 어머니는 후계자로 선택된 주원장의 손자 대신에 그를 왕위에 앉히려는 음모를 꾸미다가 발각되어 영락제는 7년 동안 가택에 연금되었다. 연금에서 풀려나자 영락제는 몽골족의 침략으로부터 북쪽 평원을 지키라는 명을 받았다. 1390년에 중국의 북방을 지킨 공로로 연공燕公이라는 칭호를 받게 된다. 1398년에 주원장이 죽자 영락제의 조카가 명나라의 황제가 되었다. 영락제는 즉시 반란을 일으켰다. 1402년에 영락제는 창장을 건너 당시 명나라의 수도였던 난징을 함락하여 조카를 퇴위시키고 자신이 황제의 자리에 올랐다.

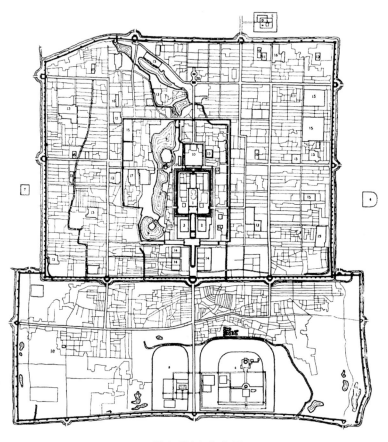

<그림 4> 청나라 때 베이징

　영락제는 난징이 불편했다. 난징에 있는 많은 보수적인 성향을 지 닌 관료들이 자신을 왕위 찬탈자로 보았기 때문이다. 한 가지 예로, 한 관리는 영락제에게 머리를 조아려 절하는 것을 거부했다. 영락제 는 그를 끓는 기름에 넣어 죽게 했는데 그 관리는 죽는 마지막 순간 까지 영락제에게 등을 돌려 영락제를 분노하게 만들었다. 영락제는 그에게 비협조적인 또 다른 관리의 살가죽을 벗겨 햇볕에 말려 난징

성문 밖에 걸어두었다. 뒤에 강풍에 매달아 두었던 살가죽이 풀려 마침 성문을 지나가던 영락제의 얼굴을 덮쳤다고 한다. 이러한 창피스러운 사건들이 계속해서 발생하자 영락제는 보다 안전한 곳인 베이징으로의 천도를 결심하게 된다.

옛 베이징은 너비 9m에 높이 12m의 거대한 성벽으로 둘러싸인 두 개의 성으로 이루어진 도시였다. 남쪽에 위치한 성은 외성外城, 북쪽은 내성內城이라 불렀다. 이 두 성이 합쳐져 있는 모습이 마치 모자처럼 생겼다고 하여 옛 베이징을 사람들은 '모자성帽子城'이라고 불렀다. 청나라가 세워진 다음 해인 1645년에 청나라 조정은 보안상의 이유로 옛 베이징의 북쪽 성인 내성에 거주하고 있던 모든 한족 중국인들을 남쪽 성인 외성으로 이주하도록 명했다. 그리고 청나라 정부는 또한 팔기군이 안이한 생활에 빠지는 것을 우려하여 극장과 그 밖의 다른 오락시설들을 내성에 짓지 못하게 했다. 그 바람에 외성은 한족 중국인들의 거주지역이 되었고 또한 옛 베이징에서 오락과 상업을 위한 공간이 되었다.

옛 베이징은 남북으로 뻗은 하나의 가상 축을 중심으로 건설되었다. 이 중심축을 따라 베이징을 노닐어 보자. 외성 남쪽에는 3개의 문들 가운데 중앙에 있는 융딩먼永定門에서 출발하여 쳰먼네이다제前門內大街를 따라 북쪽으로 걸어가면 또 다른 두 개의 문을 만나게 된다. 외성과 내성의 경계를 이루는 젠러우箭樓와 정양먼正陽門이다. 지금은 성벽을 허물어 그 모습을 찾아볼 수 없지만 이 두 개의 문은 철옹성을 이루고 있었다. 정양먼을 통과하면 톈안먼 광장天安門廣場이 나오고 광장의 북쪽 끝에는 톈안먼天安門이 있다. 톈안먼을 경계로 내성 안에는 또 다른 성벽으로 이루어진 황성皇城이 있다. 황성으로 들어가 황성의 또 다른 정문인 돤먼端門을 통과하면 말발굽 모양의 우먼午門을 만나게 된다. 우먼은 황성 안에 있는 또 다른 성벽으로 이루어진 자금성紫禁城의 정문이다. 태화전太和殿에 있는 중국 황제의 어좌는 융딩먼에서 시작된 남북의 가상 축 위에 놓여 있다. 이 중심축을 따라 자금성 북문인 선우먼神武門을 통과하면 자금성 성벽 바깥을 둘러싸고 있는 너비 50m의 해자를 볼 수 있다. 자금성을 방어하기 위해 파 놓은 것이다. 풍수 이론에 의하면, 북쪽은 불길한 방향이라고 한다. 북쪽의 불길한 기운이 자금성으로 들어오는 것을 막기 위해 자금성의 북쪽 바깥에 해자를 건설하면서 판 흙을 쌓아 인공산을 만들었다. 그것이 바로 선우먼 앞에 있는 징산景山이다. 남북의 가상 축은 이 징산 아래를 지나 다시 황성의 북문인 디안먼地安門을 통과하여 그 북쪽에 있는 고루鼓樓와 종루鐘樓 그리고 그 너머에까지 이어져 있다.

옛 베이징은 담장으로 이루어진 도시였다. 옛 베이징의 가장 남쪽 융딩먼에서 출발하여 자금성에 가기 위해서는 수많은 성벽과 문들을 통과해야 한다. 남쪽 외성에서 북쪽으로 올라가면 정양먼에서 내성이 시작되고, 톈안먼에서 다시 황성을 만나게 된다. 자금성은 황성 안에 있다. 담장 속에 담장이 있고, 그 담장 속에 또 다른 담장이 있다.

고대 중국의 통치자들은 자연신을 숭배하기 위한 의례를 거행하기 위해 제단을 건설했다. 내성의 동쪽 차오양먼朝陽門 밖에는 명나라와 청나라(1644~1911) 때 중국 황제들이 태양에 제사를 지내기 위해 만들어 놓은 태양의 신전인 일단日壇, 내성의 서쪽 푸청먼阜成門 바깥에는 달에게 제사를 지내기 위한 월단月壇, 북쪽으로 안딩먼安定門 바깥에는 중국의 황제가 동짓날에 대지의 신에게 풍년을 기원했던 지단地壇 그리고 외성의 남쪽에는 천단天壇을 세웠다. 톈안먼의 바로 동쪽에는 황제의 조상들을 모신 태묘太廟 그리고 톈안먼의 서쪽에는 풍년을 기원하기 위해 토신土神과 곡신穀神에게 제사 지내는 사직단社稷壇을 배치했다. 사직단은 『주례』에 나오는 '좌조우사左祖右社'의 원칙에 따라 건설한 것이다. 사직단은 톈안먼 동쪽의 태묘와 대칭을 이루어 사직단이 조상 '조祖' 그리고 태묘는 토지신 '사社'에게 제사 지내는 제단이다. 한백옥의 3층 석단 위에 건설된 방형의 제단인 사직단은 달리 '오색토五色土'라고도 불렸다. 제단에 채워진 흙은 전국 각지에서 가져온 것이며, 음양오행에 따라 중앙에는 노란색 흙, 동서남북으로는 각각 그 방향에 맞는 푸른색, 흰색, 붉은색 그리고 검은색 흙을 두었다. 외성의 남쪽 남북축을 중심으로 동쪽에 있는 천단의 맞은편에 선농단先農壇을 두었다.

03
사합원에서 만리장성까지

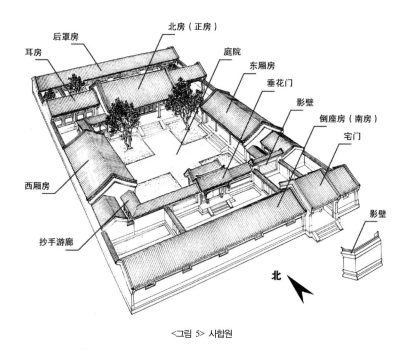

北房（正房）

后罩房

耳房

庭院

东厢房

垂花门

影壁

倒座房（南房）

宅门

西厢房

抄手游廊

影壁

北

<그림 5> 사합원

옛 베이징 성의 지도를 보면 한 가지 특이한 점을 발견할 수 있다. 외성에 비해 내성에는 비교적 가지런하게 동서로 뻗어 있는 직사각형의 선들이 많다는 것이다. 동서로 뻗어 있는 선들은 후퉁胡同이라는 골목이다. 이 골목 안에는 남북을 축으로 한 주택들이 들어서 있다. 사합원四合院이라는 옛 베이징의 전형적인 주거형태이다. 사합원은 안마당 원院을 중심으로 사면이 담장으로 둘러싸인 구도로 이루어져 있다. 사합원은 남북으로 뻗은 격자형 구도이다. 바깥세상과 통하는 대문은 사합원의 동남쪽에 있다. 대문을 들어서면 정면을 막아 놓은 영벽影壁이라는 벽을 만나게 된다. 정면을 벽으로 막은 이유가 있다. 고대 중국인들은 귀신이 직선으로만 움직인다고 생각했다. 이러한 믿음에 근거하여 나쁜 귀신이 집 안으로 들어오지 못하게 벽으로 막은 것이다. 또 다른 이유는 자존심 강한 중국인들이 길을 지나가는 사람들이 집 안을 훔쳐보지 못하게 하기 위해서 영벽을 설치했다.

영벽 앞에서 왼쪽으로 모퉁이를 돌아가면 수화문垂花門이 나타난다. 이 문으로 들어서면 안마당이 나오고, 정면에 보이는 것은 사합원의 중심 건물인 정방正房이고, 마당의 양 옆에는 상방廂房이라는 곁채가 있다. 대문의 왼쪽에 있는 도좌방倒座房과 함께 사합원은 안마당을 중심으로 사면이 건물로 둘러싸인 닫힌 공간이다. 유교 국가인 중국은 공간에도 위계질서를 세워 놓았다. 남쪽에서 북쪽으로 올라갈수록 그리고 오른쪽보다 왼쪽이, 측면보다 중앙이 더 중요하다. 따라서 사합원에서 가장 중요한 건물은 남북으로 뻗은 중심축 선상의 가장 북쪽에 있는 정방이 된다.

<그림 6> 영벽

북쪽 중앙에 있는 정방은 사합원에서 가장 중요한 자리이다. 우리는 좋은 터를 보고 명당明堂이라고 한다. 명당은 원래 왕이 기거하는 곳이다. 왕이 살 곳이니 얼마나 좋은 곳에 자리를 잡았겠는가? 그래서 좋은 터를 명당이라고 하는 것이다. 밝은 명明은 빛을 뜻한다. 그

래서 명당은 빛이 있는 집堂이다. 빛은 신의 존재를 상징한다. 고대에 왕이 하는 일들 가운데 가장 중요한 일은 신에게 제사를 지내는 것이었다. 왕이 사는 곳을 명당이라고 한 것은 왕의 이러한 종교적 역할이 강조된 것이다. 왕은 종교적인 것 이외에도 모든 일을 명당에서 행했다. 왕이 사는 명당과 같은 곳이기에 정방에는 사합원에서

<그림 7> 정방

'왕'인 가장家長이 산다. 가장은 정방의 정중앙 벽에다 조상의 위폐나 영정을 모셔 놓고 제사를 지내고, 혼례도 여기에서 치르고, 손님도 정방에서 맞이한다. 집 안에서 가장 중요한 일들이 모두 정방에서 이루어진다. 그런데 왜 북쪽이 중요한 것일까? 당나라(618~907)의 수도였던 창안長安의 지도를 보면 왕궁은 창안성의 가장 북쪽에 위치해 있다. 왜 북쪽일까? 고대 중국의 황제들은 자신을 하늘의 북극성에 비유했다. 하늘의 뭇 별들이 하늘의 신인 천제天帝가 있는 북극성을 중심으로 포진하고 있듯이 하늘의 아들을 자처하는 지상의 통치자인 왕은 하늘의 신을 본받아 북쪽에 있으면서 남쪽을 바라본다. 이것을 남면南面이라고 한다. 반면에 하늘의 뭇 별들과 지상의 백성들은 남쪽에 있으면서 북극성과 왕이 있는 북쪽을 바라본다. 사합원에는 하나의 가족이 산다. 가장은 그 가족을 통치한다. 사합원 안에서 그는 '군주'이다. 그래서 그가 거주하는 정방 또한 왕과 마찬가지로 사합원에서 가장 북쪽에 있다.

a

b

1786년에 산둥성 자상셴嘉祥縣에서 발견된 것으로, 천제가 북두칠성에 위치해 있는 모습을 묘사하고 있다.

<그림 8> 후한(25~220)의 학자 무량(78~151)의 사당 무량사武梁祠 벽면에 새겨진 그림

(두루마리 부분 / 종이에 수묵채색 / 베이징 고궁박물원 소장)

<그림 9> 마화지, 「녹명」을 도해한 그림

남송(1127~1279) 때 문인화가였던 마화지馬和之(1130~1170)가 중국 최초의 시선집인 『시경』을 도해한 「모시도毛詩圖」를 그렸다. <그림 9>는 이 가운데 「녹명鹿鳴」이라는 시를 도해한 그림이다. 이 그림에서 마화지는 주나라의 천자가 신하들을 위해 연회를 베풀고 있는 장면을 묘사했다. 천자가 궁정의식을 거행하고 있는 그림 속 건물은 명당이다. 명당은 천자가 천문과 사계절의 변화를 살펴 월령을 반포하고, 천명을 부여받

(1072년 / 족자 / 비단에 수묵채색 / 158.3×108.1cm / 타이베이 고궁박물원 소장)

<그림 10> 곽희, 「조춘도」

아 제후에게 분봉하는 곳이며, 신과 조상에게 제사를 지내고, 조회가 열리는 종교와 정치의 중심이며 상징적으로 우주의 중심이다. 그림에는 명당의 한가운데 앉아 있는 천자를 중심으로 대신들과 제후들이 그 직위의 높고 낮음에 따라 원을 이루며 차별적으로 포진되어 있다. 이러한 구도는 산수화에도 적용되었다. 북송(960~1127) 때 궁정화가였던 곽희郭熙(약 1010~1090)가 그린 「조춘도早春圖」의 중앙에 위치한 큰 산은 왕을 상징한다. 곽희가 평소에 언급했던 미술에 관한 이론을 모아 그의 아들 곽사郭思가 『임천고치林泉高致』란 책으로 편집했다. 이 책에서 곽희는 그가 그린 그림의 가운데에 위치한 큰 산은 다음과 같은 상징성이 있다고 하였다.

큰 산은 당당하게 뭇 산들의 주인이 된다. 그러므로 주위에 산등

성이와 언덕, 숲과 골짜기 등을 차례대로 분포시킴으로써 원근과 대소의 수령이 된다. 그 형상은 마치 천자가 빛나게 남쪽으로 향하고 모든 제후들이 조회하기에 분주하지만 조금도 천자가 거만하거나 제후가 배반하는 듯한 기세가 없는 것과 같다.

큰 산의 형상이 마치 천자가 남쪽을 향해 있고 모든 제후들이 조회하고 있는 것과 같다고 한 것은 바로 남면을 이르는 것이다.

북쪽 정방에 있으면서 남쪽을 바라보고 있는 사합원의 가장은 그의 가족을 어떻게 다스릴까? 유교 경전 『대학大學』에 "수신제가치국평천하修身齊家治國平天下"라는 말이 나온다. '수신修身'은 '몸을 닦는다'라는 뜻이다. 현대적 표현으로 바꾸어 말하자면, 자기 관리를 한다는 것이다. 사합원의 가족 구성원 각자가 자기 관리를 잘하면 '제가齊家', 즉 한 가정이 가지런해 진다. 집집마다 가정이 가지런하면 결국 온 나라가 다스려진다. 공자孔子(B.C. 551~B.C. 479)가 살았던 시기는 봉건시대였다. 그래서 여기서 말하는 나라는 제후의 나라이다. 성벽이라는 담장으로 둘러싸인 도시가 바로 국가이다. 제후의 나라가 다스려지면 마지막에는 천하세계가 평안해진다. 결국 세계의 평화가 한 개인의 자기 관리에서 시작된다. 그렇다면 한 개인의 자기 관리가 어떻게 천하세계의 평화로 연결될 수 있을까? 이러한 엄청난 일을 가능하게 만드는 원동력은 바로 유교이다. 유교의 근간을 이루는 덕목은 효孝·제悌·인仁이다. 부모에게 효도하고, 형제간에 우애롭게 지낸다. 이 두 가지는 사합원이라는 담장 안에서 가족들 사이에서 행해진다. 마지막 인은 담장 바깥에 나가서 가족이 아닌 남을 대할 때 적용하는 덕목이다. 인은 과연 무엇일까? 공자는 인을 사랑이라고 정의했다. 남을 대할 때 그를 사랑하라는 것이다. 결국 자기 관리는 상대방에 대한 사랑으로 이루어진다. 부모에 대한 사랑이 효이고, 형제에 대한 사랑이 제이고 마지막으로 담장 바깥에 있는 타인에 대한 사랑이 인이다. 사람을 사랑하는 것이 이 세계에 평화를 가져다 줄 수 있는 관건이다.

　고대 중국은 담장의 나라였다. 가장 작은 담장은 가장이 다스리고, 더 큰 네모난 담장으로 이루어진 성은 제후가 다스리고, 이 성들이 모여 천하세계를 이루는 중국이라는 땅을 에두르고 있는 만리장성이라는 큰 담장 안은 천자가 다스린다. 가장 작은 담장 안을 가장이 유교를 바탕으로 잘 다스리면 이것이 확대되어 천하세계가 평화롭게 된다.

04
한나라의 담장 통치

　기원 원년 전후 4백 년 동안 한나라(B.C. 206~220)와 로마 제국
(B.C. 27~476)은 당시 인류에게 알려진 세계의 동서 양끝에 거대한
산처럼 우뚝 서 있었다. 이 두 제국들은 모두 역사상 알려진 세계의
어떠한 제국보다도 광대했다. 이 두 제국 간에 직접적인 교류는 거의
없었지만 이들은 서로 세계의 반대쪽 끝에 자신들만큼이나 찬란한
문화와 수많은 인구를 가진 강력한 제국이 존재하고 있음을 알고 있었
다. 한나라에서 로마 제국에 대해 존경을 표하고 있었다는 것은 그들
이 로마 제국을 자신들의 바로 이전 왕조였던 진나라만큼이나 큰 나라
라는 뜻에서 '대진大秦'이라 일컬었던 사실에서도 살펴볼 수 있다. 이
두 제국은 실크로드로 연결되어 있었다. 실크로드의 서쪽 끝은 로마,
동쪽 끝은 창안이었다. 남쪽에는 또 다른 하나의 거대한 문명을 지닌
인도가 있었다. 그러나 인도는 글로벌 차원의 영향력이라는 맥락에서
본다면 서방의 로마 제국이나 동방의 한나라에 견줄 만한 역량을 갖고

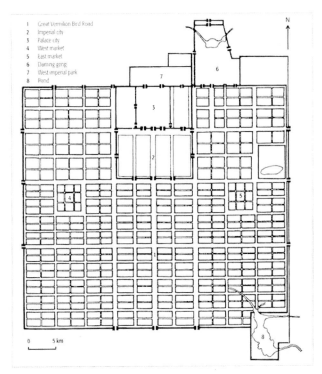

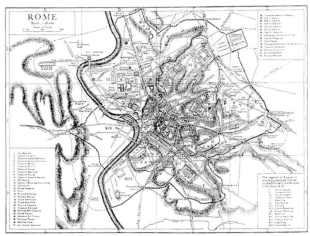

<그림 11> 창안과 로마

있지는 않았다. 이 두 제국은 서로 다른 흥망의 역사를 갖고 있다.

진나라가 중국을 통일하기 전인 전국시대(B.C. 476~B.C. 221)에 중국은 이미 몇 세기에 걸쳐 통일을 향한 작업을 진행하고 있었다. "어떻게 하면 천하가 안정될 수 있겠습니까?"라는 양양왕梁襄王(재위 B.C. 318~B.C. 296)의 물음에 대한 맹자의 대답은 "천하가 하나가 되면 안정될 것입니다"였다. 진나라가 6개 나라를 병합한 것과 한나라의 발흥은 이러한 통일을 향한 역사적 과정의 부분들에 지나지 않는다. 로마가 지중해 세계를 통일한 것 또한 이 지중해 지역을 하나로 연결하기 시작한 헬레니즘 문화 통일의 연장선이었다. 로마는 이미 진행되고 있던 통일을 향한 역사적 과정의 고삐를 잡은 것에 불과했다. 이 두 제국의 경우에서 거대한 제국으로 부상하기 위한 토대가 되었던 문화적 통일은 정치적 통일에 앞서 진행되었다. 동서양의 두 제국은 통일을 달성하는 과정에서 주변 지역을 정복하기 위해 우수한 무기와 군사 전략에 의존한 것은 동일하였지만, 정복하는 과정은 서로 달랐다. 먼저 진나라는 6개 제후국들을 정복했을 때, 그들은 적국의 병사들을 전멸시킴으로써 정복한 뒤에 점령한 영토를 지키기 위해 군대를 주둔시킬 필요가 없도록 했다. 진나라를 멸망시킨 반란군들 또한 진나라를 정복하고 남하했을 때에도 진나라 영토에 방위군을 두지 않았다. 항우項羽(B.C. 232~B.C. 202)와의 패권 다툼에서 유방劉邦(B.C. 256~B.C. 195)이 최종적으로 승리하여 한나라를 세웠을 때, 지방 관리의 대부분은 그들의 군복무 경력을 기준으로 선발되었다. 100년 뒤인 한무제漢武帝(재위 B.C. 140~B.C. 87)의 치세 기간에는 전쟁에서 공을 세우는 것보다 엘리트가 되는 것이 관리로 선발되는 보다 빠르고 확실한 방법이 되었다.

이에 반해 로마 제국의 관리들은 주로 이탈리아 반도에 있는 본국의 농부들로 구성되었다. 유능한 장군들이 로마 제국의 정벌을 이끌었고, 로마 군단의 병사들은 정복한 땅을 지키기 위해 그곳에 남으라는 장교들의 명령에 복종했다. 그 결과 수많은 로마의 청년들은 그들이 정복한 새로운 영토들을 통치하기 위해 이탈리아 반도를 떠나야 했다. 그래서 이탈리아 반도에 있는 신체 건강한 남자 인구의 수가 감소했고, 농사를 짓는 데 필요한 노동력을 보충하기 위해 수많은 노예들을 유입해야 했다.

중국이 통일되기 훨씬 전인 춘추시대(B.C. 770~B.C. 476)에서도 진秦, 초楚 그리고 진晉나라와 같은 강대국들은 새로운 영토를 차지할 때마다 누군가에게 봉토를 주어 다스리게 하기 보다는 관리를 파견하여 통치하는 방법을 택했다. 진秦나라가 중국을 통일하기 전에 중국을 분할하여 다스리고 있던 7개 나라들은 모두 그들의 영토를 다스리기 위해 이중적인 구도의 군현제를 채택하고 있었다. 지방을 다스리는 지휘관은 그 지방 출신이 아닌 사람을 뽑았으며, 그의 참모진은 일반적으로 그 지방 출신의 재능 있는 사람들로 구성되었다. 중앙 정부는 또한 그들을 감독하기 위해 관리를 파견했다. 이 행정 시스템은 오랜 역사를 갖고 있었다. 이 시스템은 군대를 움직이는 것보다 더 넓은 땅과 더 많은 인구를 다스리는 데 효율적인 힘을 발휘했다.

로마는 중국과 달랐다. 이탈리아를 포함하여 지중해 연안 지역들은 대체적으로 헬레니즘 문화의 지배를 받았다. 지금의 중동과 북유럽을 포함한 주변 지역들은 완전히 다른 배경의 사람들이 거주했기에 지방 정부는 중앙과는 많이 다른 구도의 행정 시스템을 적용해야 했다. 로마 제국은 중국이 일관된 행정 시스템을 통해 이룩한 통일이 불가능했다. 그들은 다른 지역들에 각기 다른 통치 수단을 적용해야 했다. 로마 제국은 그들의 식민지들을 통치하기 위해 군사력에 의존했다. 그들은 말 위에서 세계를 정복했다. 이 방법은 매우 불안정했다. 강력한 식민지들은 그들의 군대를 로마로 향했고, 로마 부근에 주둔하고 있던 군대는 정부를 통제하려고 했다. 정부를 통제하기 위해 군대들이 서로 경쟁하는 것은 로마 제국 후반기에 고질적인 문제가 되었다.

진시황제가 중국을 통일했을 때 법가 사상은 제국을 통치하기 위한 사상적 기반이었다. 한나라가 세워지고 한동안 도교가 당시 사회를 지배했지만, 유교의 가르침을 표방하는 유학자들이 사회의 우위를 점하게 됨에 따라 유교가 법가 사상을 대신하여 통치 이데올로기가 되었으며, 유교적 가치관이 당시 중국인들의 의식을 지배하게 되었다. 중국의 주변 지역들에서 지방 관리들의 헌신적인 노력을 통해 유교는 토착 문화에 흡수되는 대단한 능력을 갖게 되었다.

한나라는 로마 제국이 갖지 못했던 또 하나의 이점이 있었다. 중국은 표음문자가 아닌 상형문자를 사용했다. 중국은 상형문자로 다양한 방언을 사용하는 수많은 지역들을 하나로 통합할 수 있었다. 중국은 상형문자가 있었기 때문에 광대한 땅에 다양한 민족과 문화를 갖고 있는 엄청난 수의 인구에도 불구하고 유교라는 사상을 통해 하나로 통일된 나라를 유지할 수 있었다. 여러 왕조들이 발흥하고 몰락했지만 공통된 문화적 정체성은 중국인들을 하나로 뭉치게 하는 힘으로 작용했다.

로마는 그들의 광대한 제국을 유지하기 위한 방법으로 군대를 선택했다. 그 결과, 그들이 정복한 지역들의 토착 문화들과 지역 지식인들은 그들 고유의 문화적 정체성을 잃지 않고 지속적으로 유지할 수 있었다. 예를 들어, 팔레스타인 남부에 있었던 고대 유대에서 유대교의 지도자인 라비들은 로마 통치자들의 힘에 의지하여 유대의 종교와 문화를 유지했다. 로마 제국 전역에 걸쳐 상류층들은 그리스어와 함께 라틴어와 표음문자인 라틴 문자를 사용했다. 읽고 쓰는 것이 서툴렀던 대다수 서민들이 그들의 모국어를 고집했기 때문에 라틴어와 라틴 문자는 문화적 통일을 이루기 위한 도구의 기능을 발휘할 수 없었다.

콘스탄티누스 대제(재위 306~337)가 기독교를 공인한 이후 기독교가 점차적으로 로마 제국 전역으로 전파되어 제국의 보편 종교로 자리 잡게 되자 기독교는 문화적으로 분열되어 있던 로마 제국을 하나로 통합할 수 있었다. 그러나 이러한 문화적 통합은 오래 지속되지 않았다. 동로마 제국(330~1453)은 동방 정교회 아래 갈라졌다. 중동과 북아프리카는 이슬람교도들에 의해 정복되어 새로운 문화적 독립체가 탄생했다. 이른바 '야만족들'이 동북쪽에서부터 침범했을 때, 이 이질적인 민족 집단들은 기독교 문화에 동화되었다. 몇 세기가 지나 발생한 문화 부흥은 로마 제국 때부터 없어지지 않고 남아 있던 문화적 정체를 분할하고, 기독교의 보편 문화를 바꾸어 놓았다. 그래서 유럽은 다양한 민족 집단들이 세운 국가들로 이루어진 다문화 지역이 될 수 있었다.

유럽 전체가 기독교화되었을 때에도 토착 신앙을 견지하거나 교회의 특정 교리를 거부하는 강력한 움직임이 있었다. 교회는 그들과 생각이 다른 신앙들을 반대하는데 무자비했으며, 유럽 전역에 걸쳐 교회의 입지를 견고히 했다. 교회 내부의 분열과 정부와 교회 간의 권력 다툼은 있었지만 제후들과 기사들 그리고 성직자들의 연합은 사회의 모든 계층들을 통제하는 3자 연합을 형성했다. 기독교의 성인들이 기존의 신들을 대신하거나 흡수했으며, 교회에서 거행하는 의례와 축제일이 다양한 지역들의 토착 종교의 의례와 축제일을 대신했다. 수많은 세기 동안 유럽의 지적이며 정신적인 삶은 기독교와 다른 생각들을 잘 받아들이지 않았다. 로마 교황청과 주교의 힘이 증대됨에 따라 성직자와 수도회는 거대한 관료주의적 행정 조직처럼 변모했다.

중국은 한나라 이래로 줄곧 유교 국가였다. 유교가 인간 중심의 철학이었기 때문에 유교의 취약한 부분인 형이상학적이고 종교적인 관점은 외래종교인 불교와 함께 도교에 의해 제공되었다. 기독교에 비해 훨씬 덜 배타적인 사상인 유교는 이 두 종교와 공존하면서 유교가 지닌 결점을 이 두 종교를 통해 보완했다. 유교가 지향하는 이상적인 세계는 하늘이 아닌 인간 세상에 있었다. 유교적 마인드를 가진 관료는 조정에서 봉사한 뒤 은퇴하여 고향으로 돌아가 선비로서 자신의 공부를 계속했다. 이렇게 함으로써 그들은 유럽의 성직자들과 같은 영향력을 행사할 수 있었다. 로마에 성직자가 있었다면 한나라에는 유생儒生이 있었다. 유생은 유교라는 하나의 통일된 사상으로 무장된 지식인 집단이다. 한무제가 동중서董仲舒(B.C. 179~B.C. 104)의 건의를 받아들여 유교를 통치 이데올로기로 삼은 이래 중국은 이들 유생들에 의해 다스려졌다. 중국의 역대 통치자들은 유생들을 등용하여 지방 관리로 파견함으로써 광활한 영토의 중국을 하나의 생각으로 다스릴 수 있었다.

유럽과 중국은 면적이 같다. 수많은 국가들로 이루어진 유럽에 비해 중국은 다민족들로 이루어진 하나의 나라이다. 기독교가 유럽인들을 문화적으로 하나로 통합했지만 그들은 표음문자가 지닌 한계를 극복하지 못했다. 군사력으로 제국의 식민지를 통치한 로마 제국에 비해 한나라는 다민족들로 이루어진 지방을 유교로 다스렸다. 그래서 로마 제국은 사라졌지만 중국은 지금까지도 하나의 중국이다.

05
담장 안 통치이념 유교

자금성의 동쪽이라는 뜻을 지닌 둥청취東城區는 베이징에서 역사의 체취를 가장 많이 맡아볼 수 있는 구역들 가운데 하나이다. 원나라 이래 건설된 전통적인 골목 즉, 후퉁이 그대로 남아 있고 오래된 사

<그림 12> 베이징 위옌대학에 서 있는 공자 동상

찰과 왕부王府 그리고 박물관과 기념관 등이 거미줄처럼 복잡하게 얽혀 있는 후퉁 곳곳에 숨어 있어 후퉁의 숲을 누비며 고도의 체취를 느껴본다면 오랫동안 잊지 못할 추억이 될 것이다.

둥청취에 있는 수많은 후퉁들 가운데 조용하고 한적한 궈즈젠 후퉁國子監胡同이 있다. 이 후퉁 안에는 공자 사당인 공묘孔廟와

국자감國子監이 있다. 1306년에 건립된 국자감은 전통시대 중국에서 최고의 교육기관이었다. 국자감을 졸업하면 과거시험을 치르지 않고도 관직에 오를 수 있었다. 국자감 정문으로 들어서면 가장 먼저 마주치는 것이 유약을 발라 구운 유리로 된 패루牌樓이다. 이 아름다운 패루를 지나 바로 정면에 버티고 서 있는 큰 건물은 황제가 왕위에 오를 때 수천 명의 국자감 학생들과 선생들 그리고 조정 관료들 앞에서 유교 경전을 강학했던 벽옹이다. 사방으로 해자垓字를 둥글게 두르고 건물은 네모나게 만들어 놓았다. '하늘은 둥글고 땅은 네모나다'는 중국의 전통적인 공간개념을 반영한 것이다. 국자감은 외국과의 관계에서도 매우 흥미로운 역할을 담당했다. 청나라 때 국자감은 한국과 몽골 그리고 베트남과 미얀마 등과 같은 중국에 조공을 바치는 국가들에서 온 학생들에게 중국어를 가르쳤다고 한다. 국자감은 2008년 베이징올림픽 때 세계 각지에서 몰려올 관광객들을 맞이하기 위해 대부분이 새로 지은 건물이다.

공자 사당인 공묘는 담장 하나를 사이에 두고 국자감과 이웃해 있다. 공묘는 원나라 때 건설되었던 것을 강희제康熙帝(재위 1661~1722)가 1689년에, 건륭제乾隆帝(재위 1735~1796)가 1737년에 보수했다. 춘추시대 후반기를 살았던 공자는 2500년 동안 중국에서 성인으로 추앙받던 사나이다. 공자가 살았던 춘추 말은 기존의 사회질서가 무너진 난세였다. 당대의 지식인으로서 그는 난세를 어떻게 대응했을까? 그가 내세운 방안은 종법 중심의 서주(B.C. 1045~B.C. 771)를 롤 모델로 하여 그러한 사회로 돌아가자는 것이었다. 그는 이상적인 사회였던 서주의 사회규범인 주례周禮를 강조하고 깨우치는 것을 자신의 사명으로 여겼다. 공자는 서주 문화를 수호하고 전승하는 것은 천명에 따라 자신에게 주어진 사명이라 생각했다. 서주와 같은 이상사회를 건설하기 위해 공자가 생각했던 구체적인 방안은 무엇일까? 그는 먼저 통치자가 무력이 아닌 덕으로 백성을 다스릴 것을 강조한다. 덕치德治. 현 난세의 사회적 무질서를 해결하기 위한 이상적인 통치이념이다. 그렇다면 도대체 덕이란 뭘까? 덕은 통치자의 문화적 영향력이다. 공자는 통치자의 덕을 바람에, 그 다스림을 받는 백성을 풀에 비유했다. 풀은 바람이 부는 방향에 따라 쏠리게 마련이다. 바람이 어떻게 부느냐에 따라 풀이 잘 자라게 되는 것이다.

공자가 내세웠던 두 번째 방안은 정명正名이다. 명실상부名實相符! 이름과 실재가 서로 부합되는 사회, 좋지 않은가. 그래서 공자가 다음과 같이 외쳤다. "네모난 술잔이 네모나지 않다면 어찌 네모난 술잔이라고 하겠는가! 어찌 네모난 술잔이라고 하겠는가!" 이름을 바르게 하는 것. 명분을 바로잡아 위계질서를 회복하자는 것이다. 공자는 이름과 현실의 불일치가 바로 서주의 이상적 통치 시스템의 몰락을 반영하는 것으로 보았다. 공자는 서주의 이상적인 통치체계를 재건하기 위해서는 이 불일치가 없어져야 하며, 이를 위해서는 이름이 바로 잡혀져서 그 본질에 상응해야 한다고 외쳤다.

공자는 서주의 이상적인 문화를 회복하기 위한 실천방안으로 인仁과 예禮를 제시했다. 공자가 창출해낸 조화 지향적 인간학이다. '仁'은 人과 二의 합성어다. 두 사람. 인은 그래서 인간관계를 말한다. 사람과 사람 사이의 관계를 어떻게 하는 것이 바람직한가. 공자는 인을 '사람을 사랑하는 것'이라고 했다. 사랑으로 인간 상호 간의 조화를 이루는 사회를 만들자는 것이 공자의 생각이다. 공자가 한 말들 가운데 참으로 좋은 말이 하나 있다. '기소불욕己所不欲, 물시어인勿施於人.'

내가 하기 싫은 것을 남한테 강요하지 말라는 것이다. 남에 대한 배려가 좋은 사회를 만드는 초석이 된다.

사람을 사랑으로 대하라. 좀 막연하다. 그래서 공자가 제시한 또 하나의 방안이 예다. 예는 사회규범이다. 공자가 생각하는 사회는 위계질서가 바로 잡혀 있는 사회다. 천자로부터 백성에 이르기까지 그 상하 관계의 위계질서 그리고 같은 계층에 속하는 구성원들 상호 간의 화합과 조화를 어떻게 이루어가야 하는가. 예라는 사회규범이 이것을 해결해준다.

공자사당으로 들어서면 가장 먼저 마주치는 것은 원나라 때부터 청나라 때까지 진사에 급제한 사람들의 이름이 새겨져 있는 수많은 비석들이다. 여기에 자신의 이름이 새겨진 것을 보는 것이 옛 중국 선비들의 꿈이었으리라. 그런데 과거科擧를 치르는 것이 그렇게 녹록하지 않았다. 과거 응시생들은 시험장 안에 있는 겨우 몸을 가눌 정도의 매우 좁은 방에 3일 동안 꼼짝 않고 갇혀 있어야 했다. 갑갑한 비좁은 공간에 갇혀 무겁게 짓누르는 엄청난 스트레스를 이겨내지 못하고 죽거나 미쳐버리는 사람들도 많았다고 한다.

중국의 과거는 유교 경전이 중심이었다. 그래서 일찍부터 유교 경전을 공부해서 과거를 통해 관리가 되기를 꿈꾸는 정치 지망생인 이른바 유생이라는 지식인 집단이 형성되었다. 왜 유교일 수밖에 없었을까? 유교가 역대 중국의 통치자들에게 안정과 번영을 구가하는 통일된 국가의 중앙집권적 통치를 지향하는 정치학이었기 때문이다. 중국이 그 오랜 세월을 하나의 국가로 지속해 올 수 있었던 건 바로 유생들이 있었기 때문이다. 이들이 유교라는 하나의 통일된 사상으로 무장한 관료 네트워크를 형성하여 중앙과 지방을 하나로 연결했기에 중앙집권적 통치의 지속이 가능했던 것이다.

　유생들에게는 한 가지 공통된 꿈이 있었다. 공자가 주장했던 이상적인 정치 시스템을 이 세상에 구현하는 것이다. 꿈을 실현하기 위해서는 과거에 통과하여 관리가 되어야 한다. 중앙 관료가 되어 왕을 보필하여 이 '천하세계'를 유교 이념을 통해 교화하는 것이 그들의 사명이고 꿈이었다. 과거의 최고 단계인 진사에 합격하면 부와 명예가 보장되었다. 과거에 급제하는 것은 가문의 영광이었다. 가족 중에 한 사람이 과거에 급제하여 관리가 되면 온 집안 식솔들이 3대를 배불리 먹고 살 수 있는 부를 축적할 수 있었다. 중국의 선비들이 과거 시험에 목매지 않을 수 없었다.

06
자색의 금지된 성

    톈안먼 광장에서 톈안먼으로 들어가면 넓은 마당이 나온다. 이 뜰을 중심으로 동서로 황제들의 조상을 모신 태묘 그리고 수확의 신과 대지의 신에게 제사를 드리던 사직단이 자리 잡고 있다. 광장의 중앙에 있는 돤면을 지나면 말발굽 모양의 거대한 건축물이 눈에 들어온다. 자금성의 정문인 우먼이다. 여기까지 오는 동안 양옆으로 가로수가 늘어서 있다. 최근에 심은 것이다. 옛날에는 나무가 없었다고 한다. 얼마나 황량했을까. 나무를 심지 않던 이유가 있다. 음양오행에 의하면, 나무가 흙을 누른다고 한다. 흙을 대표하는 색은 노란색이다. 자금성의 지붕을 덮고 있는 유약을 발라 구운 노란색 유리기와에서 알 수 있듯이 노란색은 황제를 상징하는 색이다. 나무를 심지 않은 게 당연하다. 근데 이보다 더 현실적인 이유가 있었다. 자객의 침입을 방지하기 위해서였다.

1. 우먼午門, 2. 타이허먼太和門, 3. 태화전太和殿, 4. 중화전中和殿, 5. 보화전保和殿, 6. 첸칭먼乾淸門, 7. 건청궁乾淸宮, 8. 교태전交泰殿, 9. 곤명궁昆明宮, 10. 선우먼神武門, 11. 양심전養心殿, 12. 시화먼西華門, 13. 둥화먼東華門, 14. 징원먼景運門, 15. 룽중먼宗門

<그림 13> 자금성

우먼으로 들어가면 명나라와 청나라 때 황제들이 기거하던 자금성紫禁城이다. 자금성은 사방이 성벽과 해자로 둘러싸인 직사각형의 성이다. 흙을 다져 군힌 벽돌로 만든 이 엄청나게 큰 성은 성벽의 높이가 무려 10m인 데다가 바로 옆에는 도랑을 파서 만든 폭 50m의 해자로 둘러싸여 자금성은 도시로부터 이중으로 격리되어 있는 셈이다. 사방에 하나씩 있는 4개의 성문만이 자금성과 외부를 이어주는 유일한 통로이다.

우먼 중앙의 성벽 위에는 10개의 기둥이 떠받치고 있는 웅장한 누각이 있다. 새해가 되면 황제는 그 위에 앉아 새로운 역법을 공표했고, 전쟁터에서 돌아온 군대를 맞이했다. 양옆에는 마치 날개처럼 사각형의 측면 누각이 각각 2개씩 세워져 있다. 그 4개의 누각 중 2개의 누각 안에는 커다란 북이, 다른 2개의 누각에는 대형 종이 들어 있다. 황제가 조상을 모신 사원으로 갈 때는 북을 울리고, 제단에 제사를 드리러 갈 때는 종을 울렸다고 한다. 우먼의 정면에는 아치형으로 된 3개의 통로가 있고, 양옆의 측면 누각 밑에도 각각 1개씩 문이 있어 모두 5개의 출입구가 있다. 중앙의 통로는 황제가 출입하는 문이다. 황제의 결혼식 때 황후가 이 문으로 들어오며, 과거에 급제한 3명의 수상자들이 임관하는 날 다른 문으로 들어왔다가 관직을 받은 후 이 문으로 퇴장했다. 황제에게 반역한 고위관리가 태형을 받는 곳도 바로 이 우먼의 동쪽 측면 문 앞이다.

우먼을 통해 궁궐로 들어가면 드넓은 마당이 펼쳐진다. 이 뜰을 가로질러 진수이허金水河가 흐르고, 그 위로 유교에서 말하는 다섯 가지 덕을 상징하는 다섯 개의 다리 내금수교內金水橋가 놓여 있다. 다리를 건너 뜰 안으로 들어서면 타이허먼太和門이 3단의 흰 대리석 기단 위에 있는 널찍한 테라스에 우뚝 솟아 있다. 타이허먼을 중심으로 궁궐의 동서 양 끝에는 궁궐의 측면 문인 둥화먼東華門과 시화먼西華門이 있다.

명나라의 세 번째 황제인 영락제는 권좌에 오른 지 4년째 되던 해에 수도를 난징에서 베이징으로 옮기고, 새로운 수도의 중심에 거대한 궁전을 짓기로 결심한다. 그렇게 해서 탄생한 것이 '자색의 금지된 성'인 자금성이다. 영락제가 아버지 주원장이 정한 수도인 난징을 버리고 굳이 무리하여 베이징으로 수도를 옮긴 이유는 무엇일까? 두 가지 이유가 있다. 한 가지 이유는 베이징이 영락제의 본거지였다는 것. 베이징은 영락제가 주원장 홍무제洪武帝(재위 1368~1398)의 치세 때부터 분봉 받아 통치하던 자신의 정치적 본거지이었다. 그래서 '정난의 변'을 통해 조카인 건문제建文帝(재위 1398~1402)의 황위를 찬탈했던 영락제로서는 자신을 곱지 않은 시선으로 보는 관료들로 가득 찬 난징보다 베이징이 훨씬 편했다. 사실 영락제가 굳이 중국의 경제 중심지인 창장 이남과 거의 1,000km 이상 멀리 떨어진 베이징으로 옮겨야 할 이유는 당시로는 전혀 없었다. 그럼에도 영락제가 베이징 천도를 감행한 것은 정치논리가 경제논리를 압도한 결과였다. 또 다른 이유는 베이징이 몽골의 침입을 저지하는 전략적 위치에 있다는 것이다. 한때 중국을 통치했던 몽골족은 여전히 두려운 존재였다. 영락제는 항상 명나라를 위협하는 몽골족의 기습에 신속히 대응해야 할 필요성을 절감하여 정치 중심지를 북부 변경으로 옮기기로 결심하고 베이징을 수도로 삼았다.

고대 중국의 천문학자들은 북극성이 자줏빛을 발한다고 생각했다. 그리고 그들은 북극성에는 천제가 살고 있으며, 하늘의 별들은 이 북극성을 중심으로 회전한다고 생각했다. 북극성은 그래서 하늘의 중심에 있다. 하늘의 아들인 지상의 왕은 천제와 마찬가지로 세계의 중심에 있다. 그래서 지상의 왕은 하늘의 북극성과 같은 곳에 있기에 그가 사는 궁궐의 이름에 북극성의 자줏빛을 뜻하는 '자紫'자를 포함시킨 것이다. 공자는 어진 통치자를 북극성에 비유했다. 다른 별들이 북극성 주변을 돌고 있듯이 왕족들과 관리들은 그 지위 고하에 따라 하늘의 별들처럼 자금성 주변으로 포진되어 있다. 이러한 생각에 자금성의 설계자는 이 궁궐을 자오선 및 북극성과 일직선상에 놓이게 했다. '금禁'자는 원래 신에게 제사를 지내는 제단이 있는 숲을 뜻한다. 임금이 사는 신성한 곳이니 범인들이 근접할 수 없는 곳이다. 그래서 옛날에는 자금성을 함부로 침입하는 사람은 사형에 처했다고 한다.

하늘 위에서 자금성을 내려다보면 자금성에 있는 건물들의 지붕이 온통 노란색이다. 자금성의 지붕이 왜 노란색이어야 했을까? 음양오행에서 노란색은 중앙을 상징하는 색이다. 우주의 중심에서 사방을 다스리는 황제의 색인 것이다. 그래서 황제가 사는 자금성의 지붕을 노란색으로 장식했다.

자금성은 '외조내정外朝內廷'의 구도로 이루어졌다. 남쪽의 자금성 전면은 황제의 정치생활의 무대가 되는 외조, 북쪽의 후면은 황제의 사생활이 이루어지는 내정이다. 타이허먼太和門은 외조로 들어가는 문이다. 타이허먼을 지나면 넓은 마당이 펼쳐진다. 이 넓은 뜰 중간쯤에서 오른쪽을 보면 체인각體仁閣 너머로 황실의 도서관이던 문연각文淵閣이 있다. 그런데 흥미로운 것은 온통 노란색 지붕들로 가득 찬 자금성에서 이 건물만 유독 지붕의 색깔이 검은색이다. 그럴만한 이유가 있다. 음양오행에서 검은색은 물과 연결된다. 궁중의 중요한 문서를 보관하는 곳이라 화재로부터 이 목조 건물을 보호하고 싶은 바람이 담겨 있다. 타이허먼을 지나 가장 먼저 만나는 건물은 태화전太和殿이다. 자금성에서 가장 크고 높은 건물이다. 외조의 한가운데 남북으로 뻗은 중심축이 지나는 자리에 태화전을 포함한 세 채의 중요한 건물이 서 있다. 세 건물 가운데 가장 남쪽에 위치한 건물이 태화전이고, 가운데가 중화전中和殿 그리고 북쪽이 보화전保和殿이다. 태화전은 자금성에서 가장 중요하고 상징적인 건물이다. 태화전은 우주의 중심이다. 이 건물이 바로 명당이다. 먼 옛날에는 황제의 명당이 각 계절에 상응하는 네 개의 건물로 이루어졌다고 한다. 황제는 계절의 변화에 따라 그에 상응하는 명당으로 자리를 옮기고 계절에 맞게 의복과 음식을 비롯한 생활패턴과 정책을 달리했다. 자연의 패턴에 따른 것이다. 태화전이 바로 이러한 명당이다. 이 명당은 북쪽에 위치하면서 남쪽을 향해 있다. 하늘의 모든 별들은 북극성을 중심으로 포진되어 있다. 북극성이 있는 자리가 하늘의 중심이다. 하늘의 이러한 공간구도를 모방한 명당은 그래서 세계의 중심이다. 황제는 하늘의 북극성과 같은 존재다. 그래서 황제는 항상 남쪽을 향한다. 자금성의 중요한 건물들이 모두 남쪽을 향해 있다. 중국의 통치자는 명당에서 사계절의 순환과 보조를 맞추며, 자연의 패턴을 인간사회의 통치에 연결시킨다. 자연의 순리에 따르는 정치, 좋은 것이다.

한백옥으로 만든 태화전의 테라스에는 청나라 18개 성省을 상징하는 18개의 청동기 세 발 솥이 놓여 있다. 태화전 내부에는 용상이 놓여 있다. 용상은 남쪽을 향해 있다. 중국의 군주는 그 위에 앉아서 남쪽을 바라보며 중요한 의식을 주관하거나 외국의 사신들을 접견하며 문화의 혜택을 베푸는 군주의 미덕을 중국을 위시한 '천하'세계로 뻗어나가게 한다. 용상에 앉아 천하세계의 중심에서 남쪽을 바라보며 군림하는 것이다. 옛 중국인들의 생각이다.

음력 설날, 동짓날, 황제의 생일, 승전을 거둔 날 그리고 그 밖의 상서로운 날에 황제에게 축하를 드리기 위해 황족들과 문무백관들은 지위의 고하에 따라 태화전의 어좌 주변과 테라스 그리고 태화전 앞의 뜰에 모였다고 한다. 이러한 의례는 황제가 북극성처럼 우주의 중심임을 부각시키기 위해 행해졌다. 우리가 위에서 살펴보았던 마화지 그림 속 명당에서 천자를 중심으로 고관들과 제후들이 포진해 있던 것과 같은 구도이다. 태화전의 뒤에 있는 중화전은 황제에게 일종의 대기실 같은 곳이었다. 황제는 태화전에서 있을 의례를 거행하기 전에 이곳에서 잠시 휴식을 취한다. 중화전은 또한 관료들이 황제를 알현하는 곳이며 황제가 천단이나 지단에 제를 올리기 전날 축문을 미리 살펴보는 곳이다. 보화전은 명나라 때 황제가 의례를 치르기 위해 옷을 갈아입던 곳이다. 청나라 건륭제 때인 1789년부터 과거제가 폐지된 1905년까지 황제가 보는 앞에서 과거의 최고 단계인 전시殿試가 행해졌던 곳이다.

07
구룡벽에 담긴 음양오행

<그림 14> 구룡벽

보화전의 동쪽에는 구룡벽九龍壁이 있다. 우리는 자금성 도처에서 용의 존재를 발견하게 된다. 중국에서 용은 왕을 상징한다. 용은 과연 어떤 동물일까? 용에 관해 알기 위해서는 먼저 음양오행에 관해 이야 기하는 것이 순서일 것 같다. 음양오행은 전국시대 음양가들에 의해 체계적으로 이론화되었다. 그들은 이 우주를 음과 양 그리고 불火·물水·나무木·금속金·흙土 등 오행으로 나누고, 이것으로 우주만물의 다양한 현상을 설명했다. 음양과 오행사상은 본래 두 개의 독립된 생각이었다. 음양설을 주장한 사람들은 이 세계의 만물이 음과 양, 두 개의 기운의 상호 보완에 의해 생성된다고 생각했다. 이원적인 우주다.

이 세계를 크게 음과 양으로 나눠본다면, 먼저 양을 대표하는 것은 하늘이다. 하늘과 같은 무리를 이루는 것은 남자다. 남자는 강인하다. 반면 음을 대표하는 것은 땅이다. 땅과 같은 무리에 속하는 것은 여자다. 여성의 속성은 부드러움에 있다. 하늘에 뜬 해와 달을 갖고 이야기하자면, 해는 양에 속한다. 해는 따사롭다. 따사로움과 같은 무리를 이루는 것은 불과 낮 그리고 빛이다. 반면에 달은 음에 속한다. 달은 차갑다. 차가움과 같은 무리를 이루는 것은 물과 밤 그리고 어둠이다. 계절로 보면, 따사로운 봄과 여름은 양에, 차가운 가을과 겨울은 음에 속한다. 방향으로 보면, 따사로운 바람이 불어올 것 같은 동쪽과 남쪽은 양에, 찬바람이 불어오는 서쪽과 북쪽은 음에 속한다. 동물로 따져보면, 높은 하늘을 날아다니는 날짐승은 양에 속하고, 땅 위를 걸어 다니는 들짐승은 음에 속하는 동물이다. 숫자로 보자면, 홀수는 양에 속하고 짝수는 음에 속한다. 이런 식으로 이 세상 만물을 음과 양으로 이분하여 설명할 수 있다.

오행설을 주장했던 한 무리의 사람들은 이 우주를 구성하는 5가지 기본 요소인 불·물·나무·금속·흙 등으로 우주만물의 구조를 해석했다. 이 5가지 요소들이 상호 보완하면서 이 우주자연이 역동적으로 순환한다고 생각했다. 나무는 불을 일으킬 수 있으며, 불은 다 탄후에 재로 화하여 흙으로 돌아가며, 흙 속에는 금속이 매장되어 있고, 그 금속을 불에 달구면 물이 된다. 물은 다시 나무를 윤택하게 한다. 이러한 순환적인 사고는 농경사회라는 토대 위에 생겨난 것이다. 유럽인들의 개척정신은 그들의 교역 중심의 문화전통에서 나온 것이다. 두 문화권의 문화적 기반이 대비된다.

음양과 오행, 두 학설을 결합하여 우주자연을 도식화하여 설명할 수 있다. '유유상종類類相從'이라는 말이 있다. 즉 같은 성질에 속하는 무리들은 서로 잘 어울린다. 중국인들은 같은 무리에 속하는 것들을 서로 어울리게 하면 개인과 사회 그리고 이 세계가 좋은 상태에 놓이게 된다고 생각했다. 음양오행을 가지고 이 세계를 같은 무리끼리 어울리게 해보자. 봄과 어울리는 방향은 동쪽이다. 동쪽에서 해가 떠오르고, 봄에 새싹이 돋으니 탄생과 희망이라는 개념이 봄 그리고 동쪽과 어울리게 된다. 겨우내 땅속에 웅크리고 있던 뿌리와 씨앗이 두꺼운 흙을 뚫고 새싹을 돋는다. 그래서 봄은 오행 가운데 나무와 연결된다. 색깔로 말해보자. 새싹 그리고 희망과 연결될 수 있는 색깔이 뭐가 있을까? 푸른색이다. 음양으로 본다면, 봄과 동쪽은 양에 속한다. 중국인들은 각 방향을 지키는 수호신이 있다고 여겼다. 봄과 동쪽에 어울리는 수호신을 생각해보자. 양에 속하는 동물은 날짐승이다. 봄과 동쪽은 푸른색과 연결되니 그 수호신은 푸른 새, 즉 청룡靑龍이다. 용은 봄이 되면 하늘로 오른다. 용은 봄이 되면 새가 된다.

남쪽으로 넘어가 보자. 남쪽으로 내려갈수록 기온이 올라간다. 그래서 남쪽과 어울리는 계절은 여름이 되고, 뜨거운 불이 남쪽/여름과 어울리는 오행의 요소가 된다. 봄에는 희망이 어울린다면 여름은 정열이라는 단어가 잘 어울린다. 남쪽에 있는 정열의 나라 브라질을 떠올려보면 이해가 쉬울 것이다. 남쪽/여름/불/정열과 어울리는 색이 있다. 붉은색이다. 그러면 남쪽을 지키는 수호신은 무얼까? 남쪽은 양에 속하니 붉은 새다. 한자로는 주작朱雀이다. 우리에게 익숙한 봉황 또한 붉은 새다.

서쪽에서 불어오는 바람은 차갑고 스산하다. 서쪽과 어울리는 계절은 그래서 가을이다. 낙엽이 지는 가을. 스산함과 차가움 그리고 고독 같은 단어들이 가을과 어울린다. 가을은 추수의 계절이다. 싹이 트는 봄과 무성하게 자라는 여름을 거쳐 만물이 무르익는 가을이 되면 인간은 그것을 낫으로 베어 거둬들인다. 낫으로 베는 행위는 살생이다. 그래서 가을은 만물을 죽이는 계절이다. 가을은 살생과 연결된다. 그래서 고대 중국인들은 살생을 가을에 행했다. 옛날 사람들은 형벌과 전쟁을 가을에 행했다. 자연의 이치에 순응한 것이다. 사형을 집행하는 계절은 가을, 그럼 그 집행 장소는 어딜까? 서쪽이다. 가을/서쪽과 어울리는 오행은 무엇일까? 살생을 행하는 칼, 금속이다. 그럼 색깔은 무엇일까? 흰색이다. 번뜩이는 칼날의 색깔이 흰색이다. 마지막으로 서쪽의 수호신은 누구일까? 서쪽은 음에 속한다. 음에 속하는 동물은 들짐승. 서쪽과 어울리는 색깔은 흰색. 흰색의 들짐승. 뭐가 있을까? 하얀 호랑이 즉, 백호白虎이다.

북쪽과 어울리는 계절은 겨울이다. 색깔은 검은색. 같이 어울리는 오행은 물이다. 겨울은 가을에 베어진 만물이 그 뿌리와 씨앗을 땅속에 두는 계절이다. 그런데 왜 물과 어울릴 수 있을까? 물은 자궁을 상징한다. 10달 동안 엄마의 자궁 속 양수에 둘러싸여 있었던 아기에게 물은 편안한 존재이다. 자연에게 물은 양수로 가득 찬 엄마의 자궁 속과 같은 것이다. 그래서 겨울과 물이 어울린다. 어머니의 품속, 자궁 안이 어둡지 않은가. 그래서 어울리는 색깔이 검은색이다. 북쪽과 어울리는 수호신은 뭘까? 검은색의 들짐승, 거북과 뱀을 결합하여 만든 상상의 동물인 현무玄武이다.

마지막으로 동서남북 사방의 중앙으로 가보자. 중앙과 어울리는 오행은 흙이다. 흙과 연결되는 색깔. 자연스럽게 노란색이 연상된다. 중국의 황제가 입는 용포가 무슨 색인가. 노란색이다. 왜 그는 노란색을 고집할까? 세계의 중심에 있으면서 주변의 사방을 다스리는 황제와 어울리는 색이기 때문이다. 중국. 한가운데 있는 나라. 중국 중심의 세계관에서 비롯된 생각이다. 자금성의 지붕 색깔이 왜 온통 노란색인지 쉽게 이해가 된다.

자, 이제 용 이야기를 해보자. 위에서 설명한 음양오행과 용은 밀접한 관련이 있다. 음양오행은 우주자연의 주기적 순환을 설명하고 있다. 봄에 새싹이 트고 여름에는 그 만물이 무성하게 자라서 그 만물이 무르익는 가을이 되면 낫으로 베어서 거둬들인다. 겨울에는 만물이 그 뿌리와 씨앗을 땅속에 간직하고 있다가 다시 봄이 되면 소생한다. 그래서 우주자연은 '삶 → 죽음 → 재생'의 과정을 주기적으로 되풀이한다. 한나라 때 학자 허신許慎이 쓴 『설문해자說文解字』에 용을 "춘분에는 하늘에 오르고 추분에는 물에 잠긴다"라고 정의했다. 고대 중국인들의 용에 대한 인식을 대변해주는 대목이다. 물은 창조의 공간이다. 용이 봄이 되면 물에서 떠올라 하늘로 올라가는 것은 만물이 싹을 트는 것을 의인화한 표현이다. 그리고 가을에 용이 물에 잠기는

것은 만물이 형태를 분해하는 것을 의미한다. '잠룡대시潛龍待時'라는
말이 있다. 물에 잠긴 용이 때를 기다린다는 뜻이다. 겨우내 깊은 물
속에 잠겨 있다가 만물이 소생하는 봄에 승천할 때를 기다린다는 것
이다.

용은 비를 내리게 해주는 존재다. 용이 중국의 황제를 상징하는 것
은 황제 또한 백성들을 위해 비를 내리게 해주는 존재이기 때문이다.
황제를 뜻하는 한자 '제帝'는 중국 최초의 문자인 갑골문에서 '체帝'
자로 표현되었다. 과실이 줄기에 달린 곳을 뜻하는 글자이다. 식물의
생장과 관련이 있다. 그래서 중국 황제의 가장 막중한 임무는 만물을
생육하고 종족을 번식시키는 일이다. 그러기 위해서는 시기적절하고
적당한 양의 비가 내려줘야 한다. 그래서 비를 내리게 해주는 존재인
용은 왕을 상징하는 것이다. 통치자는 백성의 행복한 삶을 위해 자연
의 운행과 조화를 이루어야 하는 책임이 있다. 왕은 자연에 순응함으
로써 인간사회에 질서와 조화를 가져다줘야 한다. 그런데 이것을 어
떻게 가능하게 하는가. 고대 중국에는 '월령月令'이라는 제도가 있었
다. 왕을 중심으로 인간이 매년 행해야 할 일을 12달에 할당하여 규
정해놓은 것이다. 월령의 기본 원칙은 인간은 자연을 본받는다는 것
이다. 음양오행설은 우주와 자연이 인간에게 주는 영향을 설명한 것
이다. 반대로, 인간이 자연의 이치에 따르는 다채로운 스케줄을 만들
어 이것을 준수하면 우주와 자연의 운행 추이에 영향을 미칠 수 있다
는 생각이 월령을 만들어냈다.

월령의 예를 하나 들어보자. "음력 1월이 되면 천자는 푸른 옷을
입고 청룡의 말을 타고 푸른 기를 세운다. 보리와 양을 먹는다. 동쪽
에 있는 명당인 청양靑陽의 당에서 조회를 열고 봄에 반포해야 하는

월령을 발포하며 덕을 펴고 은혜를 시행한다. 봄에는 나무 베는 것을 금하고 새 둥지를 허물거나 태속의 새끼와 큰 사슴의 새끼를 죽이거나 사슴 새끼와 알을 취하지 못하도록 하며 사람들을 모아 성곽을 쌓지 않도록 한다. 음력 1월에 여름에 행할 일을 행하면 비와 바람은 불순해지고 초목은 일찍 시들어 떨어지며 나라 안에 공황이 일어난다. 가을에 행할 일을 이달에 행하면 백성에게 역병이 만연하며 회오리바람과 큰비가 내습하고 다른 작물을 말라 죽게 하는 쑥 등 잡초가 일제히 자라난다. 겨울에 행할 일을 이달에 행하면 큰비가 해를 주고 서리가 내리며 커다란 우박이 내리고 기장이 익지 않는다."『회남자』라는 책에 나오는 내용을 쉽게 풀어보았다. 봄은 동쪽/푸른색과 어울린다. 이것은 불변하는 자연의 이치다. 그래서 왕은 봄에는 동쪽에 위치한 명당에 거주하면서 봄과 어울리는 음식인 보리와 양을 먹고 봄의 색깔인 푸른 옷을 입고 푸른색의 말을 타고 푸른색 기를 세운다. 자연의 주기적 패턴과 보조를 맞춤으로써 자연과 인간사회를 조화시키려는 인간의 노력을 보여준다. 월령은 자연의 패턴에 순응함으로써 혼란한 인간세계를 조화롭게 만들 수 있다는 생각이 반영되어 있다.

08
교태전과 두 개의 시계

보화전에서 북쪽으로 걸어가면 내정의 정문인 첸칭먼乾淸門이다. 내정은 황제의 사생활 공간이다. 밤이 되면 황제와 그의 아내들과 궁녀들, 황제의 딸들과 15세 이하의 아들들 그리고 환관들만이 내정에 들어올 수 있었다. 황제를 제외한 15세 이상의 성인 남자는 내정에 들어올 수 없었다. 내정에는 수천 명의 환관들이 있었다. 환관들의 할 일은 다양했다. 황제를 알현하려는 관리를 안내하고, 황제의 후궁들을 감독 관리하고, 지방이나 외국에서 바친 조공품들이 잘 전달되는지를 감독하고, 황제의 칙령을 전달했다. 또한 그들은 자금성에 소장되어 있는 골동품과 고서들을 관리하는, 마치 지금의 큐레이터와 같은 역할을 담당했다. 환관의 보수는 많지 않았다. 그래서 그들은 뇌물과 사례금을 챙기거나 궁궐 물건을 몰래 팔아 부족한 수입을 보완했다. 황제에게 선물을 바치고 싶은 황족이 있다면 그는 반드시 그 선물을 황제에게 전달하는 환관에게 돈을 쥐여 줘야 했다. 환관들은 간

<그림 15> 교태전과 교태전에 있는 두 개의 시계

혹 후궁들과 손을 잡았다. 그들은 서로를 필요로 했다. 환관이 한 특
정한 후궁의 미덕을 칭찬함으로써 황제가 그녀와 더 많은 시간을 보
낼 수 있도록 만들 수 있었다. 환관의 도움으로 황제의 총애를 받은
후궁은 자신의 영향력이 커지게 되면 자신을 도와준 환관에게 보답
했다. 만약에 그 후궁이 아들을 낳게 되면 그녀와 그녀를 도와준 환
관의 지위는 급상하게 된다.

첸칭먼을 지나면 남북의 중심축 위에 위치한 건청궁乾淸宮과 교태전交泰殿 그리고 곤녕궁坤寧宮을 만나게 된다. 이 세 건물들은 모두 1420년에 건립되었다. 이 세 건물들은 외조에 있는 태화전·중화전·보화전 등과 대칭을 이룬다. 명나라와 청나라의 황제들과 황후들은 이 세 건물에서 기거했다. 1730년대에 옹정제雍正帝(재위 1723~1735)는 내정의 서쪽에 있는 양심전養心殿으로 거처를 옮겼다.

교태전에는 청나라의 옥쇄를 보관하고 있던 25개의 상자가 있다. 그런데 왜 25개일까? 그 이유가 있다. 중국인들은 음의 수인 짝수보다 양의 수인 홀수를 좋아한다. 25는 1, 3, 5, 7, 9를 모두 합한 수이다. 교태전 안을 들여다보면 내부의 구조와 배치가 심상찮다. 천장을 보면 현란하게 장식되어 있다. 둥글게 생긴 천장의 중앙에는 황금빛의 용이 아로새겨져 있다. 바닥을 보면 네모난 단 위에 용상이 자리한다. 교태전 내부의 공간구도가 위는 둥글고 아래는 네모나다. 이것은 '하늘은 둥글고 땅은 네모지다', 즉 '천원지방天圓地方'이라는 고대 중국인들의 공간인식을 반영한 것이다. '왕王'자는 가로 놓인 3개의 막대를 하나의 막대가 세로로 관통하고 있는 모양을 본뜬 글자이다. 가로 놓여 있는 3개의 막대는 위로부터 하늘과 인간세상 그리고 땅을 상징한다. 왕은 하늘과 땅 사이에서 백성들의 평화로운 삶을 위해 하늘과 땅 그리고 인간세계를 연결시켜 주는 중계자이다. 왕은 천지신명, 즉 하늘과 땅의 신들과 소통하는 존재다. 둥근 천장과 네모난 바닥 그리고 그 사이에 있는 용상. 교태전 내부의 이러한 공간배치는 '王'자를 공간적으로 시각화한 것으로, 통치자의 역할을 강조하고 있다.

교태전에는 이것 말고도 우리의 눈길을 끄는 것이 또 있다. 교태전의 양쪽 모퉁이에 각각 하나의 커다란 시계가 놓여 있음을 발견할 수 있다. 오른쪽으로 보이는 것은 중국의 전통적인 물시계다. 1745년에 시계에 광적인 관심을 보였던 건륭제 때인 1745년에 만든 것이라고 한다. 고대 중국인들은 물시계로 시간을 계산하고 북과 종으로 시간을 알렸다. 왼쪽에 서 있는 것은 유럽에서 들여온, 기계로 조작되는 자명종이다. 물시계와는 달리 북과 종의 도움을 빌리지 않고도 시간이 되면 알아서 시간을 알려주는 시계다. 이 자명종 또한 건륭제가 왕위에서 물러나 있던 1797년에 만들었다. 중국과 유럽의 시계가 나란히 용상의 양옆에 서서 교태전을 장식하고 있다. 왜 교태전에 두 개의 시계를 배치해 두었을까?

고대 중국의 황제들은 시간을 장악했다. 그들은 하늘의 무늬인 천문을 관찰하여 하늘의 시간 리듬과 조화를 이루는 인간세계의 시간을 찾아내려고 노력했다. 그래서 만들어낸 땅 위 인간세계의 시간이 바로 24절기다. 이것은 해의 움직임을 관찰하여 만든 것이다. 절기마다 백성들이 해야 할 일들을 정해 놓았다. 예를 들어보자. 곡우穀雨는 음력 3월, 양력으로는 4월 20일쯤이다. 봄비가 촉촉이 내려 곡식을 윤택하게 하는 시기다. 이날 농부는 못자리를 마련하고 한 해 농사지을 준비를 시작한다. 동지는 음력 11월, 양력으로는 12월 22일쯤이다. 이날에는 붉은 팥죽을 먹는다. 1년 중 음의 기운이 가장 왕성한 날에 역귀와 같은 것을 쫓기 위해서다. 시간을 잘 만들어 놓으면 백성들이 그 타임 스케줄에 맞춰 움직인다. 인위적으로 강요하는 '유위有爲'의 정치가 필요하지 않다. 이것이 바로 백성들의 삶을 간섭하지 않고 다스리는 '무위無爲'의 정치다.

다시 교태전을 들여다보자. 정면으로 바라보이는 편액에 쓴 '無爲'란 글자가 눈에 들어올 것이다. 강희제가 쓴 글씨라고 한다. 양옆에

둔 시계와 무위라는 글자! 이 둘은 서로 절묘하게 연결된다. 시간을 장악하여 백성들의 삶을 일일이 간섭하지 않는 무위의 정치를 하고 있음을 과시하고 있다. 매우 교묘한 배치다.

09
하늘의 꼴을 관찰하다

<그림 16> 고관상대에 있는 천문 관측기구

베이징의 동쪽에 젠궈먼잔建國門站이라는 전철역이 있다. C출구로 나오면 정면에 고관상대古觀象臺가 위용을 자랑하며 서 있을 것이다. 참으로 조용한 곳이다. 꼴을 관찰하는 누대라는 뜻을 지닌 관상대는

하늘의 무늬인 천문을 관찰하는 곳이다. 무엇이 하늘의 무늬일까? 해와 달 그리고 별자리가 하늘의 무늬이다. 하늘의 무늬를 관찰하여 하늘과 조화를 이루는 시간을 찾아낸다. 하늘의 신을 대신하여 지상을 다스리는 '하늘의 아들', 즉 천자임을 자처했던 고대 중국의 통치자들에게 하늘의 무늬를 관찰하고 해석하는 일은 매우 중요했다. 하늘의 신으로부터 명을 받아 지상을 다스리는 그에게 하늘이 자신의 통치를 어떻게 생각하고 있는지를 파악하는 것은 그가 권력을 유지하는 데 매우 중요했다. 하늘의 신은 지상의 통치자에 대한 자신의 생각을 징조를 통해 간접적으로 표명했다. 하늘의 무늬는 이러한 징조의 대표적인 예이다. 일식이나 월식 그리고 혜성 같은 천문 현상은 무언가 변화를 예고하는 불길한 징조로 해석되었다. 하늘의 신이 지상의 통치자에 대해 부정적인 생각을 갖고 있다는 것이다. 이러한 징조는 천명이 다른 이에게로 옮겨갈 수도 있음을 뜻했다. 그래서 천자에게 하늘의 무늬를 관찰하는 것은 매우 중요한 일이었다.

천자를 대신하여 하늘의 무늬를 관찰하고 하늘의 생각을 읽어내는 막중한 임무를 수행했던 무리들이 있었다. 사관이다. 역대 중국의 사관들 가운데 가장 대표적인 인물은 한무제 때 사관의 수장이었던 사마천司馬遷(약 B.C. 145~B.C. 86)이다. 그는 『사기史記』라는 중국 통사를 편찬했지만 당시에는 역사를 기술하는 것이 사관의 주된 임무는 아니었다. 그보다 더 중요한 일이 있었다. 왕을 위해 궁중의 모든 의례를 주관하는 것과 천문을 관찰하는 것이다. 사관은 계절의 변화와 해와 달 그리고 별자리의 움직임을 관찰하여 이를 토대로 다음 해의 기후를 예측하여 책력을 만드는 일을 담당한다. 책력은 일 년 동안의 월일, 해와 달의 운행, 월식과 일식, 24절기, 특이한 기상 변동 따위를

날의 순서에 따라 기록한 책이다. 책력은 백성들이 농사를 짓는 데 꼭 필요하다. 한 해가 저물 무렵 사관이 새해의 책력을 왕에게 바치면 왕은 새해 아침에 사관이 만든 책력을 백성들에게 나누어준다. 책력은 고대 중국인들의 모든 일상생활을 지배했다. 백성들은 이 책력을 참고하여 농사를 지었다. 책력을 보고 그대로 농사를 지었는데 그 농사를 망치게 되면 백성들은 그 책임을 왕에게 물었다. 심지어 왕을 시해하는 경우도 있었다고 한다. 사관이 책력을 만드는 데 신중을 기하지 않을 수 없다.

관상대는 고대 중국의 정치에서 매우 중요한 역할을 담당했다. 고대 관습에 따르면, 황실의 의례는 매년 정확한 시간에 행해져야 했다. 이러한 의례를 행하는 것에 게으른 군주는 지상세계와 하늘세계의 조화가 무너지는 것을 각오해야 했다. 이러한 생각에서 정확한 책력을 만드는 것은 재난을 피하기 위한 중요한 수단이었다. 하늘의 아들임을 자처했던 고대 중국의 제왕들은 국가의 모든 중대사를 행하기에 앞서 그 일이 행해지는 시간이 하늘과 조화를 이루는 시간인지를 알고 싶어 했다. 그래서 탄생한 것이 점성술이다. 점성술은 황제가 행하는 모든 활동을 지배했다. 고대 중국의 통치자들에게 가장 중요한 일은 전쟁과 제사 그리고 농사일이다. 고대 중국의 통치자들은 점복을 통해 국가의 중대사를 행하는 날을 정했다. 가장 중요한 것은 타이밍이었다. 점을 쳐서 하늘과 조화를 이루는 시간을 찾는 것이다.

하늘의 무늬를 제대로 해석하는 것은 정확한 책력을 만드는 관건이었다. 원나라(1271~1368) 때 쿠빌라이 칸(재위 1260~1294)은 베이징의 동쪽에 관상대를 지었다. 명나라 영락제가 베이징으로 천도했을 때 관상대를 지금의 위치로 옮겼다. 관상대에서 하늘의 무늬를 관찰할 사관들을 임명해야 할 영락제는 딜레마에 빠졌다. 송나라가 멸망하고 중국이 혼란에 빠졌을 때 시간을 계산하는 기술이 실전되었다. 그래서 영락제 때 명나라 정부는 할 수 없이 외국인들이 만든 두 가지 시간 계산법에 의존했다. 하나는 몽골 책력인 '달동韃同'이고, 나머지 하나는 이슬람의 '회력回曆'이다. 이슬람교도들은 종교적 의례에 관한 천문학적 지식을 중시했기 때문에 명나라 조정은 이슬람 천문학자들의 시간 계산법을 선호했다.

유럽의 예수회 선교사들이 중국인들에게 포교를 목적으로 접근하기 위해 사용한 도구들 가운데 하나는 중국보다 앞선 그들의 과학이었다. 중국의 황제들은 예수회 선교사들에게 무척 관대했다. 그들이 중국보다 앞선 수학과 천문학에 관한 지식을 갖고 있었기 때문이다. 예수회 선교사들은 요하네스 케플러Johannes Kepler(1571~1630)와 같은 천문학자들의 축적된 업적에 힘입어 그동안 중국에서 사용해온 역법 추산 방식보다 훨씬 정확한 계산법을 도입할 수 있었다. 그리하여 1603년에 마테오 리치Matteo Ricci(1552~1610)는 베이징에 도착하여 판세를 바꾸어 놓았다. 수학과 천문학적 계산에 있어 혁신을 이룬 유럽인들의 성과에 힘입어 마테오 리치는 몽골과 이슬람 책력의 부정확성과 진부함을 입증했다. 마테오 리치의 뒤를 이어 중국에 온 유럽 예수회 선교사들은 중국의 사관들보다 더 정확하게 천문을 관측함으로써 명나라 조정에서 그들의 영향력을 확대했다. 1623년에 예수회 선교사들은 일식이 발생하는 시간을 정확하게 예측함으로써 중국의 다른 모든 천문학자들을 능가했다.

청나라가 세워진 뒤 만주족들은 예수회 선교사들이 갖고 있는 천문학적 지식의 우월성을 인정했다. 순치제順治帝(재위 1643~1661)는 독일인 예수회 선교사 아담 샬Johann Adam Schall von Bell(1591~1666)을 베이징에 있는 황실 천문대의 수장으로 임명했다. 아담 샬 신부는 1650년 순치제로부터 베이징 최초의 교회를 열 수 있도록 허락을 받았으며, 훗날 강희제의 스승 반열에 들게 된다. 모두가 그의 과학적 지식 덕분이었다. 예수회 선교사들의 정확하고 과학적인 연구방법에 대해 황실의 중국인 천문학자들은 시기와 적대감을 드러냈다. 아담 샬을 천문대 수장으로 임명한 것에 중국인 이슬람교도 천문학자인 양광선陽光先(1597~1669)은 격분했다. 양광선은 아담 샬 신부가 2백 년 단위의 책력을 사용한 것은 청나라가 앞으로 2백 년 동안만 존재할 것이라는 것을 암시하고 있다고 모함했다. 결국 아담 샬 신부는 반역죄로 체포되어 감옥으로 끌려갔고 양광선은 황실 천문대를 다시 장악하여 이슬람 책력을 다시 도입했다. 그러나 양광선의 시간 계산법이 부정확하다는 것이 밝혀져서 양광선은 파직되었다. 아담 샬 신부는 감옥에서 풀려났으나 호된 감옥생활의 후유증으로 인해 얼마 안 있어 사망했다. 벨기에 출신의 예수회 선교사인 페르디난트 페르비스트Ferdinand Verbiest(1623~1688)가 1669년에 아담 샬의 뒤를 이어 황실 천문대의 수장을 맡았다. 책력에 관심이 많았던 강희제는 페르비스트를 자주 찾았다. 페르비스트는 강희제에게 중국인 천문학자들이 책력 계산에 있어 중대한 실수를 어떻게 범했는지를 알기 쉽게 설명했다. 결국 강희제는 이미 선포한 책력을 수정하라는 명을 내렸다. 자신들의 과학으로 승리를 거둔 예수회 선교사들은 그들이 오랫동안 요구해 온 기독교 허용 칙령의 반포를 이루어냈다. 천문대 책임자로서 페르비스트는 자신의 능력을 다하여 수학을 강의하고 새롭고 정확한 기구들을 제작했다. 그가 1674년에 강희제의 요구에 따라 제작한 천문 관측 기구들이 현재 고관상대에 전시되어 있다. 강희제는 페르비스트의 가장 열성적인 제자들 가운데 한 사람이었다. 페르비스트는 그에게 서양의 과학을 가르치기 위해 매일같이 황궁을 방문했다. 유럽 선교사들은 1838년까지 황실 천문대의 책임을 맡았다. 아이러니한 것은 유럽 선교사들이 중국의 하늘을 책임지던 이 시기에 세계의 힘의 중심이 중국에서 유럽으로 기울기 시작했다는 사실이다.

고관상대는 베이징에서 찾아가는 관광객이 많지 않아 조용한 곳이다. 고관상대의 옥상에는 예수회 선교사들이 제작한 천문 관측 기구들이나 그 복제품을 볼 수 있다. 1900년 8개국 연합군이 베이징을 침략하면서 고관상대의 천문 기구들을 약탈해 갔다. 프랑스가 가져간 기구들은 세계 여론의 비난으로 1902년에 반환했고, 독일이 가져가 황실 정원을 장식했던 것들은 1921년에 돌려받았다.

10
세계에서 가장 큰 제단 천단

　베이징 외성의 남문인 융딩먼에서 북쪽으로 걷다 보면 오른쪽에 천단天壇이 있다. 중국의 황제가 하늘의 신에게 제를 올리던 곳이다. 천단은 세계에서 가장 큰 제단이다. 자금성의 4배나 된다. 천단의 북쪽 입구에서 남쪽 출구까지의 거리는 6.5km이다. 천단은 영락제가 베이징을 건설할 때 함께 지은 것인데, 하늘과 땅의 만남을 상징하기 위해 남쪽 테두리는 네모나게 하여 땅을 상징하고, 북쪽 테두리는 둥근 모양으로 만들어 하늘을 상징하게 했다. 명나라와 청나라의 황제들은 일 년에 두 번, 음력 1월 15일과 동짓날에 이곳에 와서 하늘의 신에게 제를 올렸다. 천단의 주요 건물은 북쪽에서부터 풍년을 기원하는 기년전祈年殿, 여러 신들의 위폐를 보관해놓은 황궁우皇穹宇 그리고 가장 남쪽에는 하늘에 제를 올리는 환구단이 있고. 천단의 서쪽에는 황제의 재계를 위한 재궁이 있다.

<그림 17> 기년전

  천단의 가장 북쪽에 있는 건물인 기년전은 황제가 매년 음력 1월 15일
에 천단에 와서 백성들을 위해 하늘의 신에게 풍년을 기원하는 곳이다.
기년전은 3개 층으로 된 푸른색 유리기와를 얹은 둥근 지붕과 3개의 층
으로 된 테라스가 있는데, 3이라는 숫자는 하늘을 상징한다. 기년전이
하늘의 신에게 풍년을 기원하는 곳이기에 지붕의 색과 모양을 모두 하
늘을 상징하는 푸른색과 둥근 모양으로 한 것이다. 이 장엄하고 화려한

<그림 18> 칭다오맥주의 로고로
사용된 기년전

38m 높이의 거대한 원형 궁전은 중국이 세계에 자랑하는 중국을 대표하는 건축물이다.

기년전은 원래 1420년에 건립되었으나 1889년에 화재로 전소된 것을 명나라 건축기법으로 복구했다고 한다. 여기에 사용된 목재는 미국 오리건 주에서 수입했다. 건물 중앙의 큰 4개의 기둥은 사계절을, 그 바깥쪽 12개의 기둥은 12달을, 또 그 바깥쪽의 12개 기둥은 12개 단위로 나눈 하루의 시간을, 그리고 이 둘은 합한 28개 기둥은 하늘의 별자리인 28수宿를 상징한다. 이러한 상징적인 구도는 시간을 통제하는 하늘의 아들인 중국의 황제를 강조한 것이다.

중국의 황제는 책력을 만들어 새해에 백성들에게 나눠주고 음력 1월 15일에 이 기년전에서 백성들의 농사가 풍년이 들기를 하늘에 기원했다. 하늘의 명에 의해 지상을 다스리는 하늘의 아들에게 흉년이 드는 것은 곧 하늘의 명이 다른 이에게로 옮겨갈 수 있음을 경고하는 하늘의 메시지로 해석되었다. 중국의 황제가 풍년을 기원하는 의식에 신중을 기하지 않을 수 없다.

1889년에 지네 한 마리가 '주제넘게도' 기년전의 지붕 꼭대기에 있는 황금 공 위에 올라가 하늘 신의 신경을 건드렸다. 이를 불쾌하게 여긴 하늘의 신은 벼락을 내려보내 기년전을 불태웠다. 이 사건은 하늘이 그 해에 서태후西太后(1835~1908)로부터 정권을 이양받은 광서제光緒帝(재위 1874~1908)를 부정적으로 생각하고 있다는 것으로 해석되었다.

기년전에서 남쪽으로 더 내려가면 황궁우다. 여러 신들의 위폐를 보관해놓은 황궁우는 작은 소리도 메아리쳐서 둥근 벽을 타고 반대편까지 전달된다는 회음벽이라는 둥근 벽으로 둘러져 있다. 워낙 관광객들이 많아 회음벽은 제구실을 못한다. 아주 조용해야 이 회음벽이 효과를 발휘할 수 있다.

황궁우에서 또 남쪽으로 내려가면 환구단闌丘壇이다. 천단의 가장 남쪽에 있는 환구단은 중국의 황제가 동짓날에 하늘의 신에게 제를 올리는 곳이다. 그래서 하늘을 뜻하는 원형으로 만든 노천 제단이다. 여기가 진정한 천단이다. 그런데 하늘에 제를 올리는, 천단에서 가장 중요한 제단이 왜 가장 남쪽에 있는 걸까? 남쪽은 양에 해당된다. 하늘이 양에 속하기 때문이다. 중국의 황제는 매년 동짓날 해가 뜨기 바로 전에 이곳 환구단에서 하늘에 제를 올렸다. 1530년에 지어진 환구단은 하늘과 땅 그리고 인간세상을 표상하는 3개 층의 한백옥으로 만든 테라스로 이루어졌다.

동지 전날에 황제는 자금성에서 코끼리가 끄는 어가를 타고 환구단으로 온다. 그의 행차는 톈안먼에서 출발하여 쳰먼을 거쳐 쳰먼와이다제로 들어선다. 황제가 행차할 때는 베이징에 있는 모든 백성들은 문 바깥으로 나올 수 없었다. 그리고 황제의 수레가 지나가는 길에는 노란 흙을 뿌렸다. 2천 명의 문관과 무관이 황제를 수행했다. 황제는 천단의 서쪽 문으로 들어가 천단의 서쪽에 위치한 제궁에서 몸과 마음을 정결히 하며 밤을 보낸다. 해가 뜨기 1시간 45분 전에 황제는 예복을 입고 마차에 올라 제단의 남쪽 계단이 있는 곳으로 간다. 그리고 노란색 천막에서 잠시 쉬었다가 하늘을 상징하는 푸른 보석을 들고 북쪽을 향해 제단의 중앙으로 걸어간다. 제단에 상제와 조상들의 위패를 놓고 위패 뒤에 소고기, 돼지고기, 양고기, 토끼고기, 쌀, 수수, 밤, 죽순 그리고 떡과 같은 제물을 올렸다.

　노천에다 돌을 깔아놓은 허름해 보이는 제단이지만 천단에서 가장 중요한 곳이다. 하늘에 제를 올리는 것은 왕만이 할 수 있는 그의 고유한 권한이다. 하늘의 신은 자신을 대신하여 지상의 통치권을 왕에게 부여했다. 그래서 중국의 황제는 스스로를 하늘의 아들을 뜻하는 천자라고 일컫는다. 왕을 뜻하는 한자가 많다. 그 가운데 임금 '군君' 자가 있다. 이 글자는 '윤尹'과 '구口'를 결합하여 만들었다. '尹'은 손에 지팡이를 들고 있는 사람을 뜻하는 글자다. 그냥 지팡이가 아니고 권위를 상징하는 지팡이다. '君'자는 왕의 권위를 상징하는 지팡이를 들고 뭔가 말을 하고 있는 모양을 본뜬 글자다. 누구와 대화를 하는가. 하늘의 신과 대화를 한다. 하늘의 아들만이 하늘의 신과 의사소통을 할 수 있다. 이 환구단이 바로 동짓날에 하늘의 아들인 중국의 황제가 '아버지'인 하늘의 신과 대화하는 곳이다. 환구단에 올라보면 한가운데 불쑥 튀어나온 원판의 돌이 있다. 천심석天心石이라고 한다. 그 위에 서면 하늘의 마음을 알 수 있다는 뜻인가. 중국의 황제는 동짓날 이 돌 위에 서서 하늘과 대화했다. 이 천심석을 중심으로 하늘을 상징하는 9의 배수로 바닥에 돌을 깔았다.

<그림 19> 환구단 천심석

<그림 20> 천단에서 태극권을 배우고 있는 소년

　환구단에서 천단의 출구를 향해 걷다 보면 태극권을 하고 있는 베이징 서민들을 만나게 된다. 태극권은 건강을 끔찍하게 생각하는 중국인들이 좋아하는 운동이다. 그만큼 몸에 좋은 운동이다. 어떻게 하면 사람이 건강하고 오래 살 수 있을까? 이것을 연구하다 탄생한 것이 신선사상이다. 신선은 불사의 존재이다. '선仙'이라는 글자에는 몇 가지 뜻이 담겨 있다. 첫째로 선仙은 높은 산에 사는 사람이라는 뜻의 '선仚'에서 비롯되었다. 인간이 하늘과 가장 가까워질 수 있는 산에 신선이 산다. 신선들이 아무 산에나 사는 것은 아니고 타이산泰山이나 쿤룬산崑崙山 같은 신령스러운 산에 산다. 중국인들은 불사의 존재인 신선이 사는 성산을 유토피아로 여겼다. 그들에게 이상세계는 불사의 능력을 지닌 신선들이 사는 곳, 그래서 그곳에 가면 그들로부터 먹으면 영원토록 죽지 않을 수 있는 불로초나 불사약 또는 불사의 방법을 얻어 들을 수 있다. 선仙의 또 다른 옛 글자는 소매가 펄렁거림을 뜻하는 '선僊'이다. 소매를 팔랑거린다는 것은 하늘을 가볍게 날아오를

수 있음을 의미한다. 결국 신선은 산에 살고 하늘을 날 수 있는 불사의 존재다.

어떻게 하면 사람이 죽지 않고 영원한 삶을 누릴 수 있는 신선이 될 수 있을까? 신선이 되는 방법을 연구했던 방사들은 몇 가지 방법을 제시한다. 그 첫 번째가 다이어트다. 다이어트는 먹지 않고 굶는 것이 아니라 식이요법이다. 뭘 어떻게 먹느냐가 문제다. 신선술을 연구한 사람들은 불사약을 제조했다. 불사약을 먹거나 불로초를 먹으면 신선이 될 수 있다. 그들은 여러 가지 광물들을 잘 혼합하면 불사약을 만들 수 있다고 생각했다. 이들이 바로 중국의 연금술사들이다. 이 사이비 과학자들이 만든 불사약을 먹고 즉사하거나 납 중독이 된 중국의 황제들이 수두룩하다. 불사약은 위험해서 안 되겠고 그럼 불사초로 관심을 돌려보자. 신선에 관한 문헌들이 제시하는 불사초로는 영지초 같은 버섯이 단연 으뜸이다. 버섯은 불사는 할 수 없어도 건강에는 좋은 웰빙 식품임에는 틀림없다. 신선술을 연구하는 사람들은 다이어트에서 피해야 될 음식이 있다고 한다. 곡류로 만든 음식이다. 쌀, 보리, 밀과 같은 곡식을 삼가라고 한다. 탄수화물이 많이 포함된 곡류는 몸에 좋지 않다.

사람이 불사의 삶을 누릴 수 있는 두 번째 방법은 호흡을 잘하는 것이다. 느리게 코로 숨을 들이쉬고 입으로 숨을 내뱉고. 가장 기본적인 호흡법이다. 호흡을 잘하면 신선이 될 수 있단다. 복식호흡, 단전호흡, 태식호흡 등. 숨을 들이쉬고 내쉬는 방법도 다양하다. 다이어트와 호흡을 잘하면 신선이 될 수 있다. 신선이 되었다는 증거는 뭘까? 몸이 가벼워지는 것이다. 다이어트와 호흡을 잘하면 공중부양을 할 수 있고, 결국에 가서는 구름을 타고 하늘을 오르내릴 수 있게 된다.

하늘을 날아다닐 수 있는 존재가 바로 신선이다. 천단에서 한 노인이 소년에게 태극권을 가르치고 있다. 태극권이란 게 결국은 신선술에서 말하는 호흡법이다. 호흡을 잘하면 건강하게 오래 살 수 있다.

천단을 나오다 보면 몇 분의 노신사들이 커다란 붓에다 물을 듬뿍 묻혀서 땅바닥에 뭔가를 쓰고 있는 광경을 목격하게 된다. 종이와 먹 대신 땅바닥과 물을 가지고 붓글씨를 쓴다. 땅바닥에 쓴다고 하여 '디수地書'라고 한다. 붓글씨는 좋은 건강법이다. 글씨를 쓰는 동안 숨을 멈추고 글자를 쓰는 사이사이에 숨을 내쉰다. 긴 멈춤과 짧은 내쉬고 들이쉼. 이 또한 태극권에 뒤지지 않는 좋은 호흡법이다.

11
자금성의 정원 어화원

교태전 바로 뒤에는 곤녕궁이다. 황제가 혼례를 치르던 곳이다. 청나라의 마지막 황제 푸이가 이곳에서 신혼의 첫날밤을 보냈다. 곤녕궁을 지나면 자금성에서 가장 큰 정원인 어화원御花園이 나온다. 중국인들은 정원을 원림園林이라 부른다. 사합원이 중국인들의 유교적 마인드를 공간적으로 푼 것이라고 한다면 원림은 그들의 도교적 생각이 반영된 공간이다. 유교의 핵심은 조화와 질서다. 사람과 사람 사이의 조화로운 어울림과 그들 상호 간의 위계질서가 유교에서 지향하는 목표다. 도교에서도 조화를 외친다. 하지만 유교와는 다른 차원의 조화다. 도교는 인간과 자연의 조화를 추구한다. 인간이 어떻게 하면 자연과 조화를 이룰 수 있을까? 이것이 도교의 관심사다. 도교의 또 다른 열쇳말은 자유다. 그래서 우리가 이제까지 보았던 네모반듯한 대칭적 공간과는 달리 이 어화원은 뭔가 '비딱'하다. 비대칭적인 공간이다. 원림에 들면 숨통이 트인다. 자유롭기 때문이다.

중국인들에게 원림은 이상적인 공간이다. 그들은 원림에다 유토피아의 세계를 구현해놓는다. 어떻게 이상적인 공간인가. 중국인들은 음양이 조화를 이루는 곳, 자연과 조화를 이루는 곳을 유토피아로 여겼다. 산은 양을, 물은 음을 표상한다. 중국인들의 원림에는 산과 물이 항상 존재한다. 작은 공간에 산을 옮겨놓을 수 없으니, 돌을 층층이 쌓은, 석가산石假山이라는 인공산을 만들거나 태호太湖라는 호수 밑바닥에서 나는 구멍이 숭숭 뚫린 태호석太湖石이라는 정원석이나 정자가 산을 대신했다. 그리고 원림에는 작은 물이 원림을 에둘러 흐른다. 산과 물이 조화를 이루는 공간이다.

<그림 21> 어화원의 연리지

어화원으로 들어서면 가장 먼저 마주치는 것은 몇백 년은 됨직해 보이는 큰 고목이다. 측백나무다. 그런데 모양이 뭔가 좀 이상하다. 가까이 다가가서 찬찬히 살펴보라. 분명 두 그루의 나무인데 서로 붙어 있다. 이러한 나무를 연리지連理枝라고 한다. 뿌리가 서로 다른 나무인데 가지가 붙어 있기에 서로 하나가 되고 싶은 연인들의 숭고한 사랑을 뜻하기도 한다. 하지만 중국의 황제들이 자신들의 원림에다 이 연리지를 갖다 놓은 데는 다른 이유가 있다. 뿌리가 다른 두 그루 나무의 줄기가 서로 맞닿아 결이 통하게 되는 것은 매우 드문 현상이었기에 고대 중국인들은 이것을 좋은 징조로 여겼다. 징조는 지상의 통치자에 대한 하늘의 의지를 나타낸다. 하늘의 신을 대신하여 지상을 통치하는 하늘의 아들인 중국의 황제는 하늘이 자신의 통치를 어떻게 생각하는지 무척 궁금했다. 하늘의 아들의 지상 통치가 시원찮다고 생각되면 하늘은 '하늘의 아들'을 바꿔친다. 천명이 다른 이에게로 옮겨가는 것이다. 그래서 중국의 황제들은 자신에 대한 하늘의 의사를 살필 수 있는 징조의 수집에 지대한 관심을 보였다. 이 나무를 통해 하늘의 신이 지상의 통치자에게 전하고자 하는 메시지는 무엇이었을까? 고서에 뿌리가 서로 다른 나무의 줄기가 서로 붙어 있는 징조를 해독해 놓은 대목이 있다. '서로 얽혀 있는 나무 연리지는 왕의 덕이 윤택하고, 팔방이 하나의 가족으로 합쳐졌을 때 나타난다.' 하늘의 아들에 대한 하늘의 생각이 긍정적이다.

어화원에는 퇴수산堆秀山이라는 바위를 쌓아 만든 아담한 인공산이 있다. 음력 9월 9일 중양절에 황제의 가족은 이 퇴수산 정상 위에 있는 정자에 모이곤 했다고 한다. 주윤발과 공리가 주연하고 장이머우가 감독한 영화 「황후화」에서도 비슷한 광경이 연출된다. 영화 속 황제는 음력 9월 9일, 중국인들의 명절인 중양절에 황후 및 3명의 왕자들과 함께 자신의 궁궐 안에 만들어 놓은 높은 단 위에 오른다. 영화 속에서 주윤발이 연기한 인물은 당나라 말에 부패한 정치에 불만을 품고 반란을 일으켜 중국을 뒤흔들었던 황소黃巢이다. 그는 880년에 창안을 함락하고 황제에 즉위하여 국호를 '대제大齊'라 했다. 황소는 국화를 무척 좋아했다고 한다. 「황후화」의 중국어 제목 「滿城盡帶黃金甲」은 창안을 온통 노랗게 물들인 국화를 노래한 황소의 시에서 따온 것이다.

待到秋來九月八　가을날 9월 9일이 되기를 기다렸다가
我花開後百花殺　내가 꽃 피우면 모든 꽃들이 시들리라.
沖天香陣透長安　하늘 찌르는 향기 장안에 스며들면
滿城盡帶黃金甲　성 안이 온통 황금 갑옷을 두르리라.

　다음은 「황후화」에서 배우 주윤발이 중양절에 국화대 위에서 읊조린, 당나라 시인 왕유王維가 쓴 「9월 9일에 산둥에 있는 형제들을 생각하며九月九日憶山東兄弟」라는 시이다.

獨在異鄕爲異客　홀로 타향에서 나그네 되니
每逢佳節倍思親　좋은 시절 만날 때마다 가족 생각이 더욱 사무친다.
遙知兄弟登高處　아련히 알겠구나! 형제들이 높은 곳에 오를 때
遍插茱萸少一人　머리에 산수유 꽃을 사람이 한 명 부족할 것이란 걸.

　'9'라는 숫자는 양의 수 가운데 가장 큰 수다. 그래서 9가 겹치는 날인 중양절은 숫자상으로 일 년 중 양의 기운이 가장 강한 날이다. 이날 중국인들은 온 가족이 높은 곳에 올라 양의 기운을 온몸으로 느

낀다. 인간이 하늘과 가장 가까워질 수 있는 높은 곳에 올라 양을 상 징하는 하늘을 느끼는 것이다.

중국인들은 이날 산수유를 머리에 꽂고 국화주를 마시면 장수를 누린다고 생각했다. 이날 왜 국화주를 빚어 마실까? 중국인들은 말장 난을 좋아한다. 장수를 뜻하는 오랠 '구久'와 9월 9일의 아홉 '구九' 그 리고 술 '주酒'가 중국어로 모두 'jiu'이다. 발음이 똑같다. 그래서 9월 9일에 국화로 술을 빚어 마시면 장수를 누린다는 것이다. 중국인들은 국화를 무척 좋아한다. 국화가 차가운 서리를 두려워 않고 다른 꽃들 이 모두 다 진 뒤에 홀로 꽃을 피우는 고결함을 지니고 있기 때문이 다. 중국인들이 매화를 좋아하는 것 또한 같은 이유에서이다. 매화는 꽃들 가운데 가장 먼저 꽃을 피운다. 추운 겨울 눈 덮인 가지 위에 꽃 을 피우니 얼마나 고결한가. 국화는 장수 이외에도 정화의 성질을 갖 고 있다고 한다. 국화는 벽사의 기능을 가지고 있다. 나쁜 것이 근접 하지 못하게 한다.

자금성을 걷다 보면 큰 대문의 두꺼운 문짝에 불쑥 튀어나온 황금 빛 돌기가 있는 것을 발견할 수 있다. 그 돌기들을 헤아려보라. 정확 히 81개다. 중국인들의 숫자에 관한 인식을 살펴보자. 중국인들은 짝 수보다 홀수를 좋아한다. 양의 수인 홀수가 음의 수인 짝수보다 더 길다는 생각에서다. 3은 좋은 수다. 중국인들은 3으로 뭔가를 만들 어내는 것을 좋아한다. 하늘과 땅 그리고 인간세계 '천지인天地人'. 짝 수인 4는 중국인들이 가장 싫어하는 수다. 죽을 '사死'와 발음이 같기 때문이다. 그래서 우리네와 마찬가지로 중국에는 4층 대신에 F층으로 표시된 건물이 많다. 4는 또한 복종을 의미하는 수이다. 그래서 황제 가 천단에서 제사를 지낼 때 북쪽을 향해 서서 네 번 절한다. 항상 남쪽을 향해 있는 중국의 황제가 북쪽을 향해 서서 고개를 숙이는 것은 이때뿐이다. 5는 중국인들이 좋아하는 수다. 오행과 오색 등 5로 만들어진 것이 많다. 짝수지만 중국인들은 6을 좋아한다. 6666처럼 그들이 좋아하는 숫자가 겹친 자동차 번호판을 자동차값보다 더 비싸게 산 사람을 한 중국의 TV 방송국에서 인터뷰하는 장면을 본 적이 있다. 7은 홀수인 데도 중국인들이 싫어하는 수다. 7은 중국어로 '치'로 읽는데, 화를 낸다는 뜻을 가진 '氣'와 발음이 같아서 싫어한다. 그래서 중국인들은 택시를 탈 때도 그들이 싫어하는 수인 4와 7이 들어있는 번호판이 달린 차는 타지 않는다. 8은 돈을 많이 벌다는 뜻을 지닌 '파차이發財'의 '파發'와 발음이 비슷하여 좋아한다. 그래서 중국은 2008년 베이징올림픽의 개막식을 2008년 8월 8일로 잡았다. 9는 가장 큰 양의 수다. 당연히 좋아하는 수다. 베이징의 중요 건축물의 설계는 이러한 중국인들의 숫자에 대한 전통적인 인식에 바탕을 뒀다. 태화전과 천단에 있는 기년전 등과 같은 건물들은 모두 3단으로 된 테라스 위에 세워졌고, 자금성의 문의 수는 3개나 5개이며, 다리는 5개, 행정조직은 6개 부서로 나눴고, 자금성의 큰 대문들의 두꺼운 문짝들에 불쑥 튀어나온 황금빛 돌기들은 9×9, 정확히 81개다.

12
높은 담장의 고궁박물관

어화원을 빠져나오면 북쪽으로 자금성의 출구가 있다. 자금성의 북쪽 정문인 선우먼神武門이다. 이 문에는 '고궁박물원故宮博物院'이라 크게 쓴 글씨가 걸려있다. 우리가 둘러본 자금성의 현재 공식 명칭은 자금성이 아니라 고궁박물원이다. 고궁박물원은 우리에게 푸이로 잘 알려진 청나라의 마지막 황제 선통제宣統帝(재위 1908~1912)가 자금 성을 떠난 이듬해인 1925년 10월 10일에 자금성 안에 있는 문화재를 보호하기 위해 건립되었다.

자금성은 하나의 거대한 박물관이다. 이 궁 안에는 값으로 따질 수 없는 예술품들이 많다. 중국의 역대 황제들은 예술품 수집에 열을 올 렸다. 청나라의 건륭제가 특히 심했다. 예술을 사랑하고 아름다운 것 에 대한 취미가 각별했던 그는 실로 엄청난 양의 진귀한 예술품들을 수집했다. 그런데 청나라의 국력이 약해지면서 자금성의 보물은 차츰 줄어들기 시작했다. 1860년 영불연합군에 의해 여러 황궁들에 소장되

<그림 22> 대영박물관에 전시되어 있는 「여사잠도」

어 있던 예술품들이 약탈당하였고, 외세 열강들의 약탈은 1900년 의화단의 난을 진압하기 위해 베이징에 들어온 8개국 연합군에 의해 다시 자행되었다. 영국 런던에 있는 세계적으로 유명한 박물관인 대영박물관British Museum에는 건륭제가 애지중지했던 고개지顧愷之(약 344~406)가 그린 「여사잠도女史箴圖」라는 두루마리 그림이 소장되어 있다. 중국이 자랑하는 이 불후의 명작을 1900년 의화단의 난을 진압하기 위해 베이징에 들어왔던 한 영국 장교가 우연히 손에 넣어 1903년 영국으로 돌아가 대영박물관에 단돈 25파운드에 팔아넘겼다.

1911년에 청나라가 붕괴된 뒤 자금성에 소장되어 있던 수많은 보물들이 궁 밖으로 유출되었다. 손버릇 나쁜 환관들이 골동품들을 황궁에서 빼내 갔다. 1920년대 첸먼에 있던 대부분의 골동품 가게들은 이렇게 해서 생겨났다. 푸이가 자금성에 있는 동안 많은 예술품들이 궁 밖으로 빠져나갔다. 푸이는 궁궐 살림을 꾸려갈 돈을 마련하기 위해 소장품 일부를 궁 밖으로 팔거나 친한 이들에게 선물했고, 망국의 대신들은 푸이에게서 많은 예술품을 빌려 가서는 돌려주지 않았다. 예술품에 가장 치명적인 것은 화재다. 돌을 경시했던 중국인들은 대부분의 건축물을 목조로 지었다. 한 번 불이 나면 대책이 없다. 1923년에 환관들이 자금성에 불을 질렀다. 한 달간 계속된 화재로 자금성에 소장되어 있는 대부분의 귀중품들이 불길에 사라졌다.

그리고 남은 예술품들은 일본군이 베이징을 침략했을 때 보호를 목적으로 베이징을 빠져나갔다. 고궁박물원의 소장품들의 긴 여정은 1933년에 시작되었다. 2만 개의 상자에 나누어 포장된 보물들은 베이징에서 난징을 거쳐 충칭으로 옮겨와 쓰촨과 구이저우성에 있는 여러 사찰에 분산되어 보관됐다. 전쟁이 끝난 뒤 다시 충칭에 모인 자금성의 보물들은 난징으로 옮겨갔는데, 뒤이은 내전 때 국민당 정부가 그 가운데 20%에 달하는 4천 상자의 황실 보물을 타이완으로 가져갔다. 오랜 세월 동안 타이완 중부에 있는 지하창고에 보관되었다가 1965년에 신축한 박물관으로 옮겼다. 현재 타이베이에 있는 세계적으로 유명한 고궁박물원은 이러한 과정에서 생겨났다. 국민당이 타이완으로 가져가지 못한 나머지 80%의 만 6천 상자의 보물들은 난징과 상하이를 거쳐 다시 베이징으로 돌아왔다.

문화대혁명 시기 고궁박물원은 또 한 차례 위기를 맞는다. 1966년에 홍위병들이 이른바 '사구四舊' - 낡은 사상·문화·풍속·습관 - 의 아성인 고궁박물원을 무너뜨리기 위해 궁으로 돌진하려 하자 저우언라이가 재빠르게 고궁박물원의 문을 닫아 버렸다. 저우언라이가 손을 쓴 덕분에 고궁박물원의 보물들은 무사할 수 있었다. 이후 고궁박물원은 1972년 미국 닉슨 대통령의 역사적 베이징 방문에 앞서 1971년에 다시 문을 열 때까지 5년 동안 문을 굳게 봉쇄했다.

고궁박물원이 안고 있는 당면 과제는 그들이 소장하고 있는 엄청난 양의 예술품을 일반인들에게 공개할 전시공간을 확충하는 일이다. 고궁박물원은 그들의 전시공간을 지속적으로 넓혀가고 있으며, 지금도 고궁박물원은 구석구석 다채로운 전시공간으로 가득 차 있다. 하루에 다 볼 수 없다. 며칠을 투자할 각오를 해야 고궁박물원을 제대로 볼 수 있을 것이다. 현재는 고궁박물원의 50%만을 일반에 공개하고 있다. 장기간에 걸친 대대적인 보수를 거쳐 2020년에는 70%를 공개할 것이다. 고궁박물원이 소장하고 있는 엄청난 예술품들은 지하에 보관되어 있다. 지금 전시하고 있는 문화재들은 그 가운데 극히 일부분이다. 고궁박물원의 지하에 보관되어 있는 보물들이 언젠가는 빛을 볼 날이 올 것이다. 그때가 기대된다.

<그림 23> 징산에서 바라본 자금성

13
시간의 경계를 알리던 고루

<그림 24> 고루와 종루

고루鼓樓는 바로 뒤에 있는 종루鐘樓와 함께 옛 베이징의 남북 중심축 선상에 위치한 건축물들 가운데 가장 북쪽에 위치한다. 그리고 옛 베이징에서 가장 높은 건축물이었다. 고루는 45.1m이고 종루는 46.96m이다. 영락제가 1402년에 지은 이래 명나라와 청나라 두 왕조가 중국을 다스렸던 550년이란 긴 세월 동안 이 두 누각은 베이징 사람들에게 시간을 알려주는 역할을 담당했다. 고루와 종루는 서로 짝을 이룬다. 널찍하고 웅장한 위용을 자랑하는 고루는 양을, 아름다운 여성처럼 '날씬하게' 생긴 종루는 음을 상징한다. 이 두 누각이 남북으로 뻗은 중심축 선상에 연이어 서 있으면서 하늘과 땅의 조화를 상징하고 있다.

고루에는 원래 24개의 북이 있었다. 쇠가죽을 뒤집어씌운 지름 1.5m의 큰 북들이다. 지금은 찢어진 오래된 북 하나를 포함하여 25개의 북이 전시되어 있다. 예전에는 매일 술시戌時(저녁 7시~9시)가 되면 고루에 있는 24개 북이 울렸다. 종소리가 그 뒤를 이었다. 처음은 빠른 템포로 18번, 그다음은 느리게 18번, 마지막에는 중간 템포로 또 18번 북을 두드렸다. 합하여 54번. 같은 순서로 한 번 더 되풀이했다. 모두 108번 북을 울렸다. 고루와 종루에서 울려 퍼지는 북소리와 종소리에 응하여 베이징 내성 9개 성문을 지키고 있던 금위병들은 각 성루에 설치된 종을 쳤다. 이 종소리에 맞춰 내성의 모든 문이 닫혔다. 각 지역의 경비를 맡은 포졸들은 자란柵欄이라는 '거리의 문'을 닫고 백성들 또한 각자 자신들의 집 대문을 닫았다. 저녁 7시가 되면 고루의 북소리에 맞춰 베이징 내성 안에 있는 모든 문들을 닫히는 것이다.

지금은 사라져 볼 수 없지만 예전에는 베이징에 1,219개에 달하는 '거리의 문'들이 있었다고 한다. 이 문들은 베이징의 거리를 외부와 차단할 수 있는 독립된 부분들로 나누었다. 저녁 7시 고루에서 북소리가 울리면 베이징 성 안에 있는 모든 거리의 양쪽 끝은 '자란'이라는 바리케이드를 쳐서 외부와 차단하고 거리를 경비하는 야경꾼이 그 사이를 끊임없이 순찰했다. 이것은 베이징의 공간구조가 매일 변화했음을 의미한다. 저녁 7시에 북과 종소리가 울림과 동시에 바깥세상과 통하는 성문뿐만 아니라 자금성, 관청, 시장, 사찰 그리고 개인주택 등 성 안에 담장을 두른 모든 공간들이 문을 닫음으로써 이 거대한 도시는 담장으로 둘러싸인 수많은 차단된 공간들로 변환되는 것이다. 모든 길과 거리들은 사람들이 다니지 않는, 다른 공간들과의 연결이 끊어진 '격리된 공간'으로 변모하게 된다.

저녁 7시에 고루와 종루에서 북과 종이 울리면 베이징은 매일 반복하여 '의례적' 동면에 들었다. 이러한 밤의 휴면기는 다시 2시간 단위로 5개의 시간인 '오경五更'으로 나눠지는데, 각 시간을 알리는 역할은 종루가 맡았다. '경更'은 야경을 도는 사람이 교대한 데서 비롯되었다. 초경부터 오경까지 끝에 쇠로 된 갈고리가 달린 곤봉인 경첨更籤을 손에 든 야경꾼 두세 사람이 조를 이루어 거리를 순찰했다. 노동을 독려했던 중세 유럽의 종과는 달리 중국의 고루와 종루는 긴 밤동안의 평화로운 휴식을 보장했다.

북소리와 종소리의 울림은 다음날 묘시卯時(새벽 5시~7시)가 시작되는 새벽 5시에 한 번 더 되풀이되었다. 그러면 공식적으로 밤의 시간이 끝나고 내성의 모든 사람이 일어날 시간이 된 것이다. 북소리와 종소리에 맞춰 내성의 모든 문들이 열렸다. 저녁 7시와 그다음 날 새벽 5시 두 번을 제외하고 그 사이의 시간에 고루는 침묵에 잠겼다. 오직 종루에서만 밤의 시간을 알려줬다. 이러한 알람 시스템이 현대를 사는 우리에게는 이상하게 보일지도 모른다. 하루에 딱 두 번. 그것도 집으로 돌아가서 문 걸어 잠그고 자는 시간과 일어나는 시간에 북을 치니 말이다. 왜 그랬을까? 이처럼 색다르게 보이는 관습에 대한 궁금증을 풀기 위해서 이 두 누각의 기능과 고대 중국의 공식적인 시간 알림 시스템을 이해해야 한다. 북과 종을 동시에 울려 베이징 성의 9개 성문뿐만 아니라 성 안의 모든 문들을 여닫음으로써 중국의 황제는 도시공간을 통제했다. 교태전에 왜 물시계를 갖다 놓았는지 이해가 될 것이다. 중국의 황제는 24절기로 일 년의 시간을 통제했고, 고루와 종루로써 하루의 시간을 통제했다.

북과 종은 시간을 알리는 역할을 했다. 그렇다면 그 정확한 시간은 어떻게 알았을까? 고루를 둘러보다 보면 북 옆에 종각루라는 물시계가 있음을 발견하게 된다. 이 물시계로 시간을 잰 것이다. 시간이 되면 '안뇨신安鐃神'이라는 인형이 징을 8번 울렸다고 한다. 그러면 고루의 24개 북을 울려 시간을 알렸다.

중국의 전통적인 시간은 12개 시간으로 이루어졌다. 매시간은 각각 12지의 한 동물을 상징한다. 예를 들어, 12지의 첫 번째인 자시子時는 23시에서 1시까지의 시간으로, 쥐를 상징한다. 고루에서는 2시간(120분)마다 북을 쳐서 시간을 알린다.

고대 중국인들은 시간을 표시하기 위해 간지干支라는 시간 계산법을 만들었다. 수직적인 하늘을 뜻하는 천간天干과 수평적인 땅을 의미하는 지지地支를 결합하여 시간을 표시했다. 간지는 고대 중국인들에게 하늘과 땅의 시간적 조화가 얼마나 중요했던 가를 말해준다. 하늘을 의미하는 10간은 갑甲·을乙·병丙·정丁·무戊·기己·경庚·신辛·임壬·계癸이고, 땅을 뜻하는 12지는 자子(쥐, 23~1시)·축丑(소, 1~3시)·

인寅(범, 3~5시)・묘卯(토끼, 5~7시)・진辰(용, 7~9시)・사巳(뱀, 9~11시)・오午(말, 11~13시)・미未(양, 13~15시)・신申(원숭이, 15~17시)・유酉(닭, 17~19시)・술戌(개, 19~21시)・해亥(돼지, 21~23시) 등이다. 중국인들은 12지를 12동물과 연결했고, 하루 24시간을 12등분하여 12지로 표시했다. 또한 해가 진 다음부터 다음 날 해뜨기 전까지를 5등분하여 5경이라 하여, 초경은 술시, 2경은 해시, 3경은 자시, 4경은 축시, 5경은 인시로 나누었다.

이 10간과 12지를 조합하여 60개의 간지를 만들었다. 해와 날을 이 60갑자가 한 번 순환하는 것으로 계산했다. 또한 60일을 10일을 단위로 계산하여 6주로 나누었다. 이를 순旬이라 불렀다. 그래서 한 달을 상순, 중순, 하순으로 나눈다. 이렇게 날과 주 그리고 해를 정한 것은 해의 운행을 기준으로 한 것이다.

이러한 중국의 기본적인 시간 계산법은 상나라 때 정립되었다. 태양을 숭배했던 상나라 사람들은 10개의 태양이 있다고 믿었다. 태양 하나가 동쪽의 해가 뜨는 계곡에 있는 부상이라는 나무에서 출발하여 서쪽을 향해 운행하는 동안 이미 졌던 해는 서쪽 해가 지는 곳인 우연이라는 연못에서 지하통로인 황천을 통해 다시 동쪽의 부상으로 돌아가고 있고, 나머지 8개의 태양은 부상에서 차례를 기다린다. 10개의 천간은 이 태양신화를 토대로 만들어졌다. 12개의 지지는 12개의 달을 의미한다. 한 해를 12달로 나눈 것은 달을 기준으로 삼은 것이다.

베이징의 중심축 선상에 있는 건축물들 가운데 가장 높은 건물이었던 고루와 종루는 옛 베이징 시민들에게 어떤 인상을 주었을까? 그들은 밤에는 고루와 종루에서 들려오는 소리를 듣고 낮에는 그 웅장

한 자태를 바라보며 살았다. 낮에
는 고루에서 북을 울리지 않았다.
그러면 당시 사람들은 낮 시간을
어떻게 알았을까? 간단하다. 그들
은 담장에 드리운 해 그림자를 보
고 시간을 '느꼈다.'

고루 바로 뒤는 종루다. 묵직하
게 생긴 고루에 비해 날씬하게 생
겼다. 이 종루에 걸려 있는 두께
10cm에 무게가 무려 42톤이나 나
가는 무거운 종에는 애틋한 사연
이 담겨있다. 종을 주조하라는 영

<그림 25> 종루의 종

락제의 명을 받든 장인은 좀처럼 만족할 만한 종을 만들어 내지 못했
다. 실패가 거듭되자 격노한 영락제는 이 불쌍한 장인을 처형하라고
명했다. 이 소식을 전해들은 장인의 딸은 죽음으로부터 아비를 구하
기 위해 쇳물을 부을 때 거대한 거푸집 속으로 몸을 던졌다. 완벽한
종을 완성하기 위해 자신을 희생한 것이다. 그 찰나 아비는 딸의 목
숨을 구하기 위해 필사적으로 딸을 부여잡으려 했으나 그의 손에 잡
힌 것은 딸의 신발 한 짝이었다. 딸의 희생으로 종은 완벽하게 만들
어졌다. 베이징 사람들의 귀에는 종소리가 '시에'—신발을 뜻하는 혜
鞋의 중국어 발음이다—로 들렸다고 한다.

1900년에 의화단의 난을 진압하기 위해 베이징을 침범한 영국, 프
랑스, 미국, 일본, 독일, 이탈리아, 오스트리아, 러시아 등 8개국 열강
에 의해 결성된 연합군이 고루를 점거하고 총검으로 내리쳐 북을 찢

<그림 26> 옛 베이징 기차역의 시계탑

어버린 이후 베이징 시민들은 고루에서 더 이상 북소리를 들을 수 없었다. 외세에 의해 시간을 알리는 북이 찢어진 것은 1860년 영불 연합군에 의해 파괴된 원명원圓明園과 함께 중국인들에게 국치로 여겨졌다. 그래서 그들은 그날의 치욕을 잊지 않기 위해 지금도 고루에 그때 찢진 북 하나를 남겨 놓았다.

1900년에 고루의 24개 북이 침묵한 뒤로 베이징 사람들에게 시간을 알려주는 역할은 베이징에 들어서기 시작한 서양식 건물에 '장착된' 시계탑이 맡게 되었다. 사람의 손을 빌지 않고 때가 되면 저절로 알아서 울리는 '자명종'을 당시 중국인들은 서양이 발명한 근대 기술의 놀랍고 신기한 업적으로 보았다. 쳰먼의 동쪽에 옛 베이징 기차역이 서 있다. 베이징에 세워진 최초의 기차역이다. 이 기차역은 1900년 베이징에 침입한 8개국 연합군이 의화단의 난을 진압하고 체결한 베이징조약에서 베이징에 영구적인 공사관의 설치가 허용되면서 조성된 대사관이 모여 있는 지역인 둥자오민샹東交民巷 남쪽에 1901년에 세워졌다. 이 기차역은 1959년 베이징역이 세워지면서 역의 기능을 상실하고 철도 노동자들의 클럽으로 전환되었다가 1990년대에 와서 쇼핑센터로 개조되어 사용되고 있다. 지금으로부터 백여 년 전 첸먼 앞을 지나다가 이 기차역의 시계탑에서 울려대는 시끄러운 자명종 소리에 기겁을 했었을 옛 베이징 서민들의 모습을 상상해 본다. 이 자명종 시계탑은 전통 공간의 숲 속에 우뚝 섰던 '근대'의 상징물이었지만 이 기계로 작동되는 시계는 베이징 사람들의 일상생활을 근본적으로 바꿔 놓지는 못했다. 탁상시계와 벽시계 그리고 포켓시계와 손목시계가 이들의 삶 깊숙이 자리 잡기 전까지 20세기를 살았던 베이징 사람들은 여전히 옛 중국인들이 그러했듯이 해의 움직임을 보고 시간을 알았다. 옛 베이징 사람들은 해 그림자를 보고 시간을 어림잡는 데 익숙했다.

유럽 과학기술의 축적물이라 할 수 있는 시계탑은 옛 베이징에 들어선 근대의 침입자였다. 서구 과학기술의 우월성을 증명하는 가장 구체적이고 확실한 기념비였다. 그래서 교회나 은행 또는 기차역과 서양식 학교 등에 세워지는 시계탑의 수가 증가하는 것은 곧 중국에 외세 열강의 침투가 날로 늘어가는 걸 의미했다.

자명종이 북소리를 대신하게 된 것은 베이징 시민들의 삶을 변화시켰다. 전통시대 중국의 황제들은 하루에 딱 두 번 고루에서 북을 울려 담장 안의 모든 문들을 여닫게 함으로써 그 속에서 사는 백성들을 통치했다. 백성들은 그들의 통치자가 만들어 놓은 간단한 타임스

케줄에 맞춰 생활하면 되었다. 시계탑이 들어섬으로써 중국 백성들의 삶은 유럽 열강들이 만들어 놓은 표준시간에 맞춰졌다. 북소리에 맞춰 삶을 영위했던 시절 북소리가 울리지 않는 새벽 5시에서 저녁 7시 사이에 그들은 비교적 여유롭고 자유로울 수 있었다. 그동안은 시간에 구애를 받지 않아도 되었다. 그런데 이제는 매시간 자명종이 시끄럽게 울려댄다. 그 울림에 맞춰 사람들은 쳇바퀴 돌아가듯 바삐 움직인다. 느리고 여유로웠던 중국인들의 삶이 각박해졌다.

02

원명원

01
강희제와 건륭제의 문화프로젝트

    만주족이 세운 청나라는 이전의 중국 왕조들과는 근본적으로 달랐다. 청나라는 중국 내지의 농경 지역뿐만 아니라 만주·몽골·위구르·티베트 등 유목 지역을 그 판도에 넣은 중국 역사상 가장 광활한 영토를 가진 국가였다. 또한 자신을 중국인이라고 생각하는 민족들뿐만 아니라 통치 핵심세력인 만주족을 비롯하여 이전에는 중국에 포함되지 않았던 티베트인·위구르인·몽골인·미얀마인·타이계 민족·타이완 원주민 그리고 기타 청나라가 정복한 지역의 다양한 소수민족들로 이루어진 다민족 국가이다. 중국학 연구자인 이블린 S. 로스키는 "청나라가 이룩한 성공의 열쇠는 '한화漢化'라기보다는 제국의 내륙 아시아 변경에 거주하는 주요 비한족 민족들을 겨냥하여 유연하면서도 문화적으로 구체성을 띤 정책들을 실천에 옮긴 능력에 있었다"고 주장한다.

(1766년 이전 제작 / 비단에 수묵채색 / 베이징 고궁박물원 소장)
그림 속 건륭제는 왼손으로 수염을 어루만지며 생각에 잠겨 있다. 그의 주변에는 그가 손에 쥐고 있는 붓, 종이, 먹, 벼루 등 문인들의 '문방사보'가 놓여 있다. 그리고 그의 뒤에 있는 그림에는 문인들이 애호하는 사군자 가운데 대나무와 매화가 그려져 있다. 이 그림에서 건륭제는 중국의 전형적인 문인의 모습을 우리에게 보여준다. 건륭제의 이미지가 고도로 이상화되었다.

<그림 27> 카스틸리오네와 김정표金庭標(?~1767)가 그린 「서재에 앉아 있는 건륭제」

중국학 연구자인 패멀라 카일 크로슬리에 의하면, 유라시아에 걸쳐 보편제국 군주들의 문화적 행위들 가운데 가장 보편적으로 나타나는 현상은 백과사전, 동·식물원, 원림 또는 '호기심의 방' 등 다양한 형태를 통해 세계를 축소화하여 표현하는 경향을 보여준다는 것이다. 유럽에서 16세기 중반부터 형성되기 시작하여 17세기에 전성기를 누린 '호기심의 방cabinet of curiosities'은 물질의 백과사전 같은 수집

실이었다. 호기심을 불러 일으킬만한 물건들이 수집되어 있다고 하여 사람들은 이곳을 '호기심의 방'이라고 불렀다. '호기심의 방'에는 세계의 온갖 진기한 것들이 모여들었다. 각각의 개별적인 물질들은 그것이 수집된 지역 전체 또는 그곳에 사는 주민들을 표상했다. '호기심의 방'에 수집된 물질들은 하나의 소우주였다.

청나라 초반 강희제와 옹정제 그리고 건륭제는 '세계'를 포함하는 역량을 갖고 있는 '보편군주'임을 보여주기 위한 일련의 문화 프로젝트를 추진했다. 청나라 초반 통치자들은 무언가를 축소화하여 표현하는 것을 좋아했다. 강희제와 건륭제의 명에 의해 편찬된『고금도서집성古今圖書集成』과『사고전서四庫全書』그리고 그들에 의해 조성된 피서산장避暑山莊과 원명원은 크로슬리가 말하는 '세계를 축소화하여 표현하는 경향'을 보여주는 대표적인 몇 가지 예라고 볼 수 있다. 원명원 내에 있는 유럽에서 가져온 진기한 물건들로 가득한 서양루西洋樓는 건륭제의 호기심의 방이다. 서양루에는 대형 거울·태피스트리·자명종·기계로 작동하는 장난감 등 건륭제가 유럽으로부터 수집한 온갖 진기한 물건들이 전시되었다.

1703년부터 1792년까지 청나라 통치자들은 그들의 제국이 중앙아시아와 내륙아시아로 확대된 것을 기념하기 위해 만리장성 너머에 있는 청더承德에 건설한 피서산장과 외팔묘外八廟에 중국과 티베트 그리고 중앙아시아의 기념비적인 건축물들을 재현했다. 몇 가지 예를 들자면, 외팔묘 가운데 하나인 보락사普樂寺는 매년 청나라 황제를 알현하기 위해 청더를 찾는 몽골인들을 위해 1766~1767년에 건설되었고, 외팔묘 중 가장 유명한 보타종승지묘普陀宗乘之廟는 티베트의 라싸에 있는 달라이 라마의 포탈라궁을 재현한 것이다. 건륭제는 피서산장과 외팔묘에 청나라의 영향권에 있는 '천하세계'를 축소하여 재현해 놓았다. 피서산장과 외팔묘의 건축과 경관은 청나라가 어떻게 다문화적 정체성을 형성하고 정치적 정통성을 구체화하는지를 살펴볼 수 있다. 이 두 번째 장에서는 원명원을 중심으로 강희제와 건륭제가 다민족국가인 중국을 통치하기 위해 어떠한 문화적 노력들을 기울였는지에 관해 살펴볼 것이다.

02
문화의 거리 류리창

<그림 28> 류리창

쉬안우먼宣武門 남쪽에 위치한 류리창琉璃廠은 유리기와를 만드는 공장이라는 뜻을 지녔다. 원나라 때 이곳에 관요官窯가 세워졌는데, 명나라 영락제 때 수도를 베이징으로 옮기면서 새로운 수도를 건설하는 데 필요한 유리기와를 이곳에서 제작했다. 명나라 때 류리창은 골동품을 파는 작은 거리였다. 류리창이 규모 있는 골동품 거리가 된 것은 청나라 때부터다. 청나라 정부는 만주족과 한족을 분리하여 만주족은 내성에, 한족 관원들은 외성에 거주하게 했다. 류리창은 내성에 있는 조정에서 그리 멀지 않고 생활환경이 좋아 한족 관리들이 모여 살기에 적합한 장소였다. 이민족인 만주족의 세상이던 청나라 때는 나라를 빼앗긴 한족들에게는 암울한 시기였다. 중국의 문인들은 나라가 혼란하다고 생각되면 대개 문학과 예술에 정력을 쏟는다. 시를 짓고 그림을 그리며 골동품을 감상하는 이러한 고상한 문화행위는 혼란한 시기에 자신들의 정체성을 견지하고 자기 수양을 하기 위한 이상적인 방편이라고 생각했다. 이러한 생각을 지닌 한족 문인들이 류리창으로 몰려들어 시와 그림 그리고 골동품을 벗 삼아 가슴에 맺힌 한을 삭혔다.

류리창이 전성기를 누린 것은 청나라 강희제와 건륭제 때였다. 강희제와 건륭제는 참으로 방대한 문화사업을 기획했다. 강희제의 명에 의해 장옥서張玉書(1642~1711)와 진정경陳廷敬(1639~1712)이 중심이 되어 30여 명의 저명한 학자들이 1710년에 편찬을 시작하여 1716년에 『강희자전康熙字典』을 완성했다. 1,628권이라는 방대한 양의 『고금도서집성』은 강희제의 명에 의해 진몽뢰陳夢雷(1650~1741)가 편찬을 시작하여 옹정제 때인 1725년에 장정석蔣廷錫(1669~1732)이 완성한 중국 최대의 백과사전이다. 건륭제는 '천하세계'에 있는 모든 텍스트들을 망라하는『사고전서』의 편찬을 기획했다. 1772년 겨울 건륭제는 각 성과 현의 관리들에게 그들이 관장하는 지역에 있는 모든 서고들에 보관되어 있는 희귀본과 귀중본을 조사하여 보고하고 필사하여 그 성과물을 베이징으로 보낼 것을 명했다. 동시에 그는 개인 장서가들에게도 그들이 소장하고 있는 귀중본들을 자발적으로 베이징으로 보낼 것을 촉구했다. 이것이 바로『사고전서』편찬사업의 시작이다. 22년에 걸쳐 완성된『사고전서』는 청 제국에 있던 10,680종의 책을 경經·사史·자子·집集 등 사부四部로 분류하여 그에 대한 해제를 작성하고, 이 가운데 3,593종을 36,000여 책冊으로 필사한 방대한 총서이다. 강희제와 건륭제의 문화프로젝트에 호응하여 중국 각지에서 수많은 학자들이 집안 대대로 전해져 온 책들을 들고 베이징으로 모였다. 대부분 외성에 있는 회관에 머물렀던 그들은 류리창으로 몰려들었다. 회관에서 가까운 류리창은 그들이 책을 사고팔고 학문을 교류하기에 가장 적합한 장소였다. 이 시기에 류리창에는 학자들의 구매욕을 충족시켜 줄 책방과 문방사우를 취급하는 가게가 우후죽순처럼 생겨났다.

18세기 청나라 통치자들은 무언가를 축소화하여 표현하는 것을 좋아했다. 강희제 때 완성된『강희자전』과『고금도서집성』그리고 건륭제가 기획한『사고전서』는 축소된 세계의 텍스트적 재현이라고 할 수 있다. 이론상으로 중국에서 유일하게 인정받는 통치는 덕에 의한 통치였고, 덕치의 특징과 구조는 경전을 통해 정의되었다. 그리고 경전과 함께 발전되어온 주석 체계를 통해 정교하게 다듬어졌다. 경전에 대한 왕조의 통제력과 경전에서 승인한 내용이 왕조에서 발휘하는 영향력은 경전의 정통성을 보증하는 중요한 기초였다. 따라서 이와 같은 관리의 조직과 기구는 서양의 정부에서 그랬던 것보다 중국의 통치제도에서 훨씬 더 중요한 자리를 차지했다. 학문과 왕권의 결합 및 문화적 정체성의 표명은 전통시기 중국에서의 정통성을 보여주는 근본적 요소였다. 중국의 황제들은 정치지도자였을 뿐만 아니라, 성인이자 경전의 수호자였다.

만주족은 민족적으로, 그리고 적어도 왕조 초기의 수십 년 동안에는 문화적으로도, 자신들이 통치하는 광활한 인구의 한족과는 다른 소수파였다. 그리고 이러한 점은 그들이 통치를 위해 만들어낸 관념적인 정당화 작업에도 매우 중요하게 영향을 끼쳤다. 결과적으로 만주족은 민족적 혈통에 상관없이 덕이 있는 사람이 통치할 권리를 강조한 유교 경전에 주목하고, 자신들의 정치적·도덕적 능력을 강조함으로써 자신들의 지배를 항변했다. 건륭제가 『사고전서』 편찬사업을 통해 도서를 수집하는 중화제국의 관행을 다시 확립한 것은, 의심할 것도 없이 덕에 의해 국가를 통치한다는 이데올로기의 일부였다.

류리창은 베이징에서 유명한 서점가였다. 베이징에 있는 출판사의 수가 명나라 때 13개에 불과했던 것이 청나라에 와서 100개 이상으로 불어났다. 책방들이 빼곡하게 들어서 있는 류리창은 문인들이 즐겨 찾는 베이징의 명소가 되었다. 베이징에는 중앙정부가 있고 최종 단계의 과거가 치러진다. 중국 각지에서 베이징에 온 문인들은 류리창으로 몰려들었다. 청나라 중반에 류리창은 골동품과 고서를 파는 책방으로 유명해졌다. 만주족 귀족들이 진귀한 골동품과 고서를 찾는 주 고객이었다. 심지어 강희제 또한 류리창에서 수집한 고대 자기 컬렉션을 그를 알현한 예수회 선교사들에게 자랑스럽게 보여주곤 했다. 초창기 류리창에 있던 가게들의 대부분은 이슬람교를 믿는 중국인 옥장玉匠들에 의해 운영되었다. 그들이 조각한 옥을 팔면서 자연스럽게 고대 옥 및 그 밖의 골동품 그리고 고서로 영역을 확대했다. 류리창은 많은 문인들이 찾는 곳이라 19세기 말에 이르러 류리창의 이슬람교도 상인들은 문인들이 좋아하는 서화, 종이. 책, 먹뿐만 아니라 모든 종류의 골동품을 취급하게 되었다. 이들은 1950년대까지 명맥을 유지했으나 문화대혁명 때 문을 닫았다. 1980년대에 옛 모습을 복구했다.

류리창이 세계적으로 유명하게 된 것은 20세기에 들어와서부터다. 1900년 8개국 연합군이 베이징을 침입하여 약탈함에 따라 원명원과 자금성의 보물들이 궁 밖으로 쏟아져 나왔고, 청나라가 망한 뒤 설자리를 잃은 조정대신과 환관들이 생계를 위해 골동품을 류리창에 내놓았다. 당시 류리창은 이러한 골동품들로 넘쳐났다. 중국뿐만 아니라 세계 각지로부터 골동품상들이 눈독을 들이고 류리창으로 몰려들었다.

류리창은 난신화제南新華街를 사이에 두고 류리창시제琉璃廠西街와 류리창둥제琉璃廠東街로 나눠진다. 서쪽 길에는 서점이 많다. 오랜 역사를 지닌 서점들이 지금은 중국서점中國書店이라는 간판을 내걸고 옛 명맥을 잇고 있다. 예로부터 문인들이 노닐던 문화의 거리라서 그런지 예술 관련 책들이 많다. 조선의 선비들이 연행했을 때 류리창의 서점들은 꼭 들르는 코스였다. 서점에서 책 구경을 하고 있으면 중국말보다 한국말이 더 많이 들릴 것이다. 한국에서 예술 공부하시는 분들이 이곳에 많이 들르는 이유에서다. 서점 말고는 그 유명한 영보재榮寶齋가 그 명성에 어울리게 이 서쪽 거리의 많은 부분을 차지하고 있다.

03
욕망의 분출구 외성

첸먼의 남쪽에 위치한 외성은 베이징 사람들의 엔터테인먼트 욕구를 충족시켜 주던 지역이다. 첸먼은 본래 황제의 전용 출입문이었다. 1년에 두 차례 황제를 위해 문을 열었다. 음력 정월 15일과 동짓날. 황제가 하늘에 제를 올리기 위해 천단으로 행차할 때가 되어서야 비로소 굳게 닫혔던 문을 열었다. 베이징의 내성으로 들어가는 첫 번째 관문으로, 황제의 권위를 상징하는 남북으로 뻗은 중심축과 백성들이 거주하는 상업지역을 동서로 잇는 대로가 교차하는 첸먼은 예로부터 악명이 높았다. 아편과 도박 그리고 매춘이 만연했던 '부도덕한' 과거를 지닌 곳이다. 명나라가 쇠퇴기에 접어들면서 첸먼 바깥에서 섹스 산업이 꿈틀대기 시작하더니 청나라로 들어서면서 베이징에서 가장 유명한 홍등가로 자리를 굳혔다. 왜 그랬을까? 그 이유는 간단하다. 첸먼은 황성의 중앙 통로에 이르는 가장 근접한 출입구였기 때문이다. 첸먼은 내성과 외성을 가르는 경계선이었다. 명나라와 청나라 두 왕조가 중국을 다스렸던 5백 년 동안 첸먼은 권력을 쥔 자들과 민초를 갈라놓는 경계선이었다. 베이징 성의 담장 안에서 근무했던 고관들은 새벽 1시에 일어나 3시에 자금성의 우먼 앞에 집합했다가 황제의 훈시를 듣기 위해 5시에 일제히 황궁으로 들어갔다. 이 스케줄에 맞추기 위해서는 퇴근 후 첸먼 바깥에서 유흥을 즐기는 것이 가장 안전했던 것이다. 첸먼을 제외한 8개의 성문은 해 질 무렵에 문을 닫았다가 동틀 때가 되어서야 문을 열었지만 유독 첸먼의 문지기만은 밤 늦게까지 기생들과 어울려 흥청대며 술 마시고 조회 시간에 대기 위해 허겁지겁 달려오는 고관들에게 두꺼운 성문을 열어주었다. 이 무리에는 놀기 좋아했던 황제들도 더러 끼어 있었다.

첸먼 부근과 그 남쪽의 외성에는 공연장이 많고, 회관이 많고, 찻집이 많았다. 청나라 만주족 정부가 들어서면서 한족들을 내성에서 몰아내어 첸먼 바깥 외성에 거주하게 했다. 또한 청나라의 황제들은 시끄럽다는 이유로 내성 안에 있던 회관과 공연장 그리고 기타 오락시설들을 외성으로 옮기게 했다. 내성에 거주하는 만주족 팔기군과 그들의 가족들에게 상업 행위를 금했고 숙박시설 또한 제한했다. 이로 인해 첸먼 부근과 그 남쪽의 외성은 일찌감치 상업지구와 유흥가로 자리 잡았다. 첸먼의 남쪽 바깥 외성에 늘어섰던 가게들과 주택들은 내성에 거주하는 지체 높은 양반들의 생활용품을 공급하기 위한 목적에서 형성되었으며 퇴청하는 고관들뿐만 아니라 청운의 꿈을 안고 상경한 여행객들에게 숙식과 환락을 제공했다. 실로 첸먼은 황궁의 절도 있는 생활과 그 예속의 굴레를 벗어나 맘껏 욕망을 발산하는 '악'의 경계선이었다.

첸먼와이다제前門外大街와 주스커우다제珠市口大街가 만나는 지점에 있는 톈챠오天橋는 외성이 오락을 위한 공간이었음을 잘 보여주는 곳이다. 1949년 이전까지 톈챠오는 베이징에서 가장 번화했던 오락 장소였다. 여기에 가면 거리에서 오페라 공연을 관람하거나 곤봉을 돌리거나 재주를 넘는 곡예사들을 만날 수 있으며 북으로 장단을 맞춰가며 『삼국지三國志』와 『수호지水滸志』를 재미있게 들려주는 이야기꾼의 이야기를 들을 수 있었다. 톈챠오는 또한 베이징에서 오페라 공연의 중심이었다. 청나라 말에 톈챠오에는 경극을 전문적으로 공연하는 8개 극단이 있었다.

첸먼에서 첸멘다제를 따라 조금만 걸어 내려가면 길 왼쪽에 다자란大柵欄으로 들어가는 골목인 다자란제가 보일 것이다. 베이징의 라오쯔하오老字號로 유명한 곳이다. 라오쯔하오는 오랜 역사를 지닌 전통 있는 가게를 뜻한다. 자란은 철책을 뜻한다. 청나라 때까지 저녁 7시에 고루에서 북소리가 울리면 베이징 내성의 모든 거리와 골목은 바리케이드를 쳐서 사람들의 통행을 통제했다. 청나라 건륭제는 외성에도 철책을 치도록 했다. 이곳은 베이징에서 가장 번화했던 구역이라 도둑과 방화를 방지하기 위해 다른 곳보다 훨씬 큰 철책을 쳤다. 그래서 이름이 다자란이다.

중국이 만주족이 다스리는 청나라로 넘어가는 교체기에 첸먼 바깥은 한족 중국인들의 거주지였다. 다자란은 청나라 초기에는 이민족 정부에 항거하는 한족 저항세력들의 온상이었다가 퉁런탕同仁堂과 같은 전통 가게들이 들어서면서 상업지역으로 변모했다.

류비쥐六必居는 대대로 전해 내려오는 독특한 요리법과 엄선된 재료만을 사용하여 만든 말린 장醬으로 유명한 전통 가게이다. 류비쥐는 명나라 때인 1530년에 산

<그림 29> 엄숭이 쓴 류비쥐 간판 글씨

시성山西省 출신의 6명 상인들이 개업했다. 고대 중국인들에게 땔나무 柴・쌀米・기름油・소금鹽・장醬・식초醋・차茶 등 7가지는 사람들이 생활하는 데 없어서는 안 될 필수품이었다고 한다. 이 가게에는 이 가운데 차를 팔지 않았기에 차를 제외한 나머지 6가지 필수품을 취급 하는 가게라는 뜻에서 가게 이름을 '류비쥐'라고 지었다고 한다. 가게 이름에 관한 또 다른 하나의 전설이 전해진다. 가게의 간판 글자는 명나라 때 악명 높았던 관리인 엄숭嚴嵩(1480~1567)이 쓴 것이다. 여 섯 명의 마음 '육심六心'으로 하나의 가게를 운영하는 것은 불가능하 다고 생각한 엄숭은 마음 '심心'자에 한 획을 더하여 반드시 '필必'을 써서 6명이 동업하는 사업이 '반드시' 성공하라는 뜻에서 가게 이름 을 '六必居'라 지어주었다고 한다. 류비쥐는 황실에 음식을 독점적으 로 납품할 정도로 신용과 품질을 인정받았다. 개업한 지 거의 5백 년 이 지난 지금도 다양한 절인 채소로 옛 명성을 유지하고 있다.

1860년에 설립된 주단과 포목을 판매하는 가게인 뤼푸샹瑞蚨祥, 청 나라 강희제 때인 1669년 이래로 퉁런탕은 중국의 전통 약재를 판매 하는 역사와 전통을 자랑하는 가게이다. 이밖에도 신발가게인 네이렌 성內聯升 등 역사가 깊은 전통가게들이 들어서 있어 그 명맥을 유지하 고 있다.

다자란에 있는 찻집들은 베이징 오페라인 경극의 탄생을 부추겼다. 19세기에 공연을 연습할 마땅한 장소가 없는 오페라 배우들은 손님 이 붐비지 않는 한가한 오후 시간에 찻집에서 리허설을 했다. 찻집의 지배인들은 이 색다른 이벤트가 많은 고객을 끌 수 있다고 생각하여 환영했다. 이러한 리허설 공연은 대단한 인기를 끌어, 찻집은 점차적 으로 인기 높은 오페라 공연 장소로 발전했다. 강희제는 팔기군들이 오락에 빠져 기강이 해이해질 것이 염려되어 내성에 오페라 극장 건립을 금하는 법령을 반포했다. 팔기군들이 쾌락을 찾아 첸먼 바깥에 있는 다자란으로 몰려드는 바람에 강희제의 노력은 수포로 돌아갔다. 내성에서 오페라 공연을 금지한 강희제의 법령은 다자란의 찻집을 찾는 고객을 실어 나른 인력거꾼들의 수입을 올려놓았다.

04
문수보살의 화신 건륭제

<그림 30> 노란 기와로 덮여 있는 옹화궁

라마불교 사찰인 옹화궁雍和宮은 베이징에서 가장 크고 화려한 불
교 사원이다. 노란 유리기와로 뒤덮인 옹화궁은 햇빛에 반사되어 황

금빛으로 반짝인다. 절이 어떻게 자금성에서 봤던 노란 유리기와로 뒤덮여 있을까? 그럴만한 이유가 있다. 옹화궁은 원래 청나라 강희제가 1694년에 그의 넷째 아들 윤진胤禛에게 하사한 옹친왕부雍親王府였다. 황족의 저택을 왕부라고 한다. 자기 관리에 뛰어났던 윤진은 강희제의 넷째 아들임에도 불구하고 수많은 경쟁자들을 물리치고 1723년에 황제의 자리에 올라 자금성으로 거처를 옮겼다. 그가 바로 옹정제이다. 만주족의 관습에 따르면, 재위에 있는 황제가 살던 집은 그 후손들이 거주할 수 없었기 때문에 옹친왕부는 2년 뒤 행궁으로 승격되어 옹화궁으로 이름을 바꾸었다. 명목상은 행궁이었지만 옹정제는 옹화궁을 다른 목적으로 사용했다.

부왕 강희제는 생전에 무려 35명이나 되는 많은 아들을 두었다. 장남이 아니었던 옹정제가 많은 경쟁자들을 물리치고 황제의 자리에 오를 수 있었던 것은 그의 철저한 자기 관리 덕분이었다. 영민한 강희제에게는 잔꾀가 통하지 않음을 잘 알고 있던 옹정제는 남 앞에 나서지 않았고 항상 차분하고 믿음직하게 행동했다. 부왕이 맡긴 일은 최선을 다해 충실히 완수했다. 그의 성실함으로 옹정제는 강희제로부터 두터운 신임을 얻어 마침내 황위를 계승했다. 황제의 자리에 오른 뒤에도 옹정제는 항상 불안했다. 그는 강희제의 유서를 조작했다는 의심을 받았고, 그의 주위에는 그를 의심의 눈초리로 바라보며 자신의 자리를 넘보려는 형제들로 가득 찼다. 이에 옹정제는 고압정책을 선택했다. 그는 옹화궁을 자신과 의견을 달리하는 정적들을 제거하는 비밀경찰의 기지로 삼았다. 절세의 무공을 갖춘 고수들로 조직된 비밀경찰들은 옹정제를 위해 황족과 신하들의 동태를 염탐하고 황제에 맞서는 정적들을 색출하여 제거했다.

옹정제가 죽고 그의 뒤를 이은 건륭제는 옹화궁의 중심축에 있는 건물들에 노란 유리기와를 덮어 옹화궁을 황궁과 동격으로 격상시켰다. 또한 1744년에는 부왕이 생전에 수많은 정적들을 살육한 죄를 씻기 위해 옹화궁을 정식으로 라마사원으로 개조하고 몽골로부터 5백 명의 라마승들을 초청하여 거주하게 했다. 여기에는 라마불교를 믿는 몽골족과 티베트의 유목민족들을 종교적으로 회유하기 위한 목적도 있었다.

건륭제는 청나라에 대항하던 티베트 저항세력을 제거하기 위해 1756년에 원정을 시작하여 그들의 전략적 근거지였던 일리강 유역을 손에 넣고, 여세를 몰아 타림분지의 이슬람권 오아시스 지역을 정복했다. 그리하여 알타이산맥에서 쿤룬까지 그리고 둔황에서 파미르에 이르는 광활한 땅을 청나라의 영토로 흡수하고 신장新疆, 즉 '새로운 땅'이라는 이름을 붙였다. 청나라가 이곳 신장 지역을 차지함에 따라 1759년에 중국은 무려 1150만km²라는 중국 역사상 가장 광활한 영토를 소유하게 되었다. 몽골과 티베트의 저항이 없을 리 만무하다. 청나라는 몽골과 티베트에서 일어난 반란과 분쟁을 무력으로 진압했다.

옹화궁은 라마불교를 통해 몽골과 티베트 소수민족들을 회유하려는 청나라 정부의 문화정책의 일환이었다. 티베트의 저항은 지금까지도 계속된다. 그들의 독립을 향한 의지는 식을 줄을 모른다. 하나 된 중국의 틀을 어지럽히는 그들에 대한 중국 정부의 탄압 또한 여전하다. 티베트는 천연자원의 매장량이 상당한 자원의 보고다. 경제적 가치가 엄청나다. 인도와의 충돌을 막을 수 있는 완충지대라 전략적 가치도 높다. 위구르족 등 중국의 다른 소수민족들의 분리 독립 요구가 분출될 수 있다. 세계로부터 인권을 탄압한다는 지탄을 무릅쓰고라도 중국 정부가 그들의 분리 독립을 허용할 수 없는 이유이다.

다른 불교 사원과 마찬가지로 옹화궁에서 맨 처음 마주치게 되는 건물은 천왕전이다. 여기에는 불교에서 파라다이스로 여기는 수미산의 중턱에 살면서 이 성역의 사방을 지킨다는 사천왕이 험상궂은 얼굴을 하고 버티고 서 있다. 이들은 동쪽의 지국천왕, 남쪽의 증장천왕, 서쪽의 광목천왕, 북쪽의 다문천왕으로, 각각 손에 비파, 칼, 뱀 그리고 탑을 들고 있다. 천왕전의 정면에는 우리에게도 친숙한 미래 부처인 미륵불이 모셔져 있다. 미륵불의 후미, 천왕전 후문 앞에는 황금투구와 갑옷으로 무장하고 손에 금강저를 쥐고 있는 젊은 무사의 모습을 한 불상이 바깥을 향해 서 있다. 불법을 지키는 수호신인 위태韋馱이다.

청동으로 만든 수미산이 놓여있는 안뜰을 지나 만나게 되는 두 번째 건물은 삼존불이 모셔져 있는 옹화전이다. 가운데는 현세의 부처인 석가모니, 왼쪽에는 과거의 부처인 연등불 그리고 오른쪽에는 미래불인 미륵불이 나란히 모셔져 있다. 옆쪽에는 18나한이, 왼쪽 벽에는 관세음보살을 그린 그림이 벽에 걸려 있다. 동방의 성모 마리아 관세음보살은 중생의 고충을 들어주는 자비로운 보살이다. 관세음보살은 원래 남성이었다. 이유는 분명하지 않지만 중국으로 전래되는 과정에서 여성의 모습을 띠게 되었다고 한다. 세 번째 건물인 영우전에는 영원한 삶을 뜻하는 무량수불인 아미타불이 모셔져 있다. 그 이름이 말해주듯이 이 부처는 장수하게 해주는 존재라고 한다. 아미타불의 오른쪽에는 약사여래, 왼쪽에는 석가모니불이 모셔져 있다.

옹화궁을 둘러보면 티베트 불교는 읽는 불교라기보다는 눈으로 보고 몸으로 느끼는 불교라는 생각이 들 것이다. 옹화궁에서 눈에 띄는 게 하나 있다. 전경통轉經筒이라는 원통이다. 여기에는 경문이 새겨져 있다. 티베트 사람들은 이 전경통을 돌리면서 육자진언六字眞言이라는

'옴마니파메훔'을 외치면 윤회에서 벗어날 수 있다고 믿고 있다.

옹화궁에는 우리네 절에서는 찾아볼 수 없는 독특한 그림이 있다. 탕카라고 하는 벽걸이 두루마리 그림이다. 현란한 색채가 보는 이의 시선을 사로잡는다. 탕카는 '둘둘 말 수 있는 것'을 뜻하는 티베트어다. 탕카는 두루마리 그림이다. 문맹률이 높은 티베트인들에게 불교

<그림 31> 옹화궁의 전경통

를 그림으로 설명하는 것이 훨씬 효과적이었을 것이다. 티베트 라마승들은 탕카라는 시각적 매체를 통해 티베트 사람들에게 부처의 삶과 가르침을 전파했다. 곳곳에 위험이 도사리고 있는 광활한 티베트 초원에서 라마승들은 이 불교의 진리가 담긴 그림을 둘둘 말아서 지니고 다녔다. 그래서 탕카는 '움직이는 제단'이라고 할 수 있다. 마을이나 성지를 돌아다니며 라마승들은 티베트 사람들에게 이 두루마리 그림을 펼쳐서 그림에 묘사된 신들에 관한 이야기를 들려준다. 탕카에 몰입하여 그림에 묘사된 신들과 자신을 동질화함으로써 수행자는 해탈할 수 있다고 믿었다.

탕카에는 참선하는 데 시각적으로 도움을 주는 보조물 역할 말고도 더 중요한 기능이 있다. 가족 중에 질병이나 죽음 또는 추상적인 장애와 같은 문제가 발생했을 때 탕카를 벽에 걸어두면 자신들을 보호해 주는 힘 같은 것이 이 그림에서 뿜어져 나온다고 생각했다. 그래서 티베트 사람들에게 탕카는 한편으로 부적과 같은 존재였다.

<그림 32> 수주대흑

티베트 불교에서 불상은 대체로 적정존과 분노존 그리고 적분존 등 세 가지로 나눠진다. 적정존은 우리네 절에서도 흔히 볼 수 있는 자비로운 모습의 부처이며, 분노존은 간혹 여러 개의 머리와 눈 그리고 팔과 다리가 달린 무섭고 흉악한 모습을 한 부처다. 적분존은 이 두 본존의 중간 형태라 할 수 있다. 탕카에 그려진 본존은 본존이 하나인 경우와 두 본존이 짝을 이루는 두 가지가 있다.

우리가 보고 있는 탕카는 수주대흑壽主大黑이다. 여기서 대흑, 즉 대흑천大黑天은 관세음보살이 사악한 중생을 제도할 때 나타나는 관세음보살의 분노존인 마하칼라다. 마하는 위대하다는 뜻이며 칼라는 시간이란 의미다. 시간 앞에서 모든 것이 덧없이 사라지기 때문에 죽음의 신을 칼라여신이라고 부른다. 즉 위대한 시간인 마하칼라는 사라져버린 시간과 공간을 뜻한다. 이 대흑천은 온몸이 푸른색이고 3개의 머리에 6개의 팔, 등 귀로 코끼리의 가죽을 두르고, 5개의 해골로 만든 왕관을 쓰고 있다. 3개의 눈은 과거와 현재 그리고 미래를 한눈에 보고, 5개의 해골은 5가지 번뇌가 부처의 5가지 지혜로 바뀜을 뜻한다. 손에 뱀을 쥐고 있는 것은 성냄을 다스린다는 뜻이며, 코끼리 가죽을 망토로 두른 것은 나와 남이 다르다는 인식에서 벗어났음을 나타낸다. 또 해골을 왕관으로 쓰고 있는 것은 번뇌를 소멸시켰음을 나타낸다. 마하칼라는 6개의 팔을 휘둘러 중생들의 적인 삼독三毒―탐욕·성냄·어리석음-을 물리친다.

이 대흑천은 환희불의 남자 불상인 불부와 환희불의 여자 불상인 불모가 서로 껴안고 교합하고 있는 형상을 하고 있다. 남자 불상은 지혜를, 여자 불상은 자비를 표상한다. 이 두 본존이 서로 껴안고 교합하고 있는 것은 곧 지혜와 자비의 완벽한 결합을 상징한다. 고대에는 대흑천을 전쟁의 신으로 받들어 제사를 지냈다고 한다. 민간에서는 또한 복을 내리는 신으로 여겨 향불을 올릴 때마다 그 앞에 반드시 음식을 공양했다고 한다.

<그림 33> 건륭제를 문수보살로 묘사한 탕카. 베이징 고궁박물원

건륭제는 자신이 문수보살로 묘사된 탕카를 베이징, 청더 그리고 라사에 있는 사원에 선물했다. 현존하는 모든 형태의 탕카에서 건륭제는 라마승의 법복을 입고 있는 것으로 묘사되고 있다. 그의 오른손은 깨우침의 경지에 도달했음을 보여주기 위해 보통 '삼매三昧(samadhi)'의 형태를 취하고 있으며, 자신이 '차크라바르틴chakravartin', 즉 '전륜성왕轉輪聖王(바퀴를 굴리는 왕)'임을 표현하기 위해 왼손으로 '시간의 바퀴', 즉 법륜法輪을 쥐고 있다. 이를 통해 건륭제는 정의로운 자신이 전륜성왕으로서 세상을 통치한다는 것을 보여준다. 건륭제는 수많은 불교의 성인과 신들에 둘러싸여 있다. 모든 탕카에서 건륭제의 종교적 스승으로 황제의 바로 위쪽에 묘사된 롤페 도르제의 전생 가계를

설명하고 있다. 탕카의 다른 부분은 다른 불교 신들로 채워져 있다. 이를 통해 건륭제는 자신이 지혜로운 문수보살, 인류의 수호자, 위대하고 숭고한 존재, 불법佛法의 왕, 훌륭한 운명을 지녔으며 모든 원망願望을 만족시켜 주는 존재임을 부각시킨다. 건륭제는 자신이 티베트 불교의 주요 숭배 대상인 문수보살의 현신임을 강조한다.

05
중국의 또 다른 사상 도교

동악묘東嶽廟는 차오양먼와이다제朝陽門外大街라는 큰길 바로 가에 있다. 길 건너편에 커다란 녹색 유리 패루가 우두커니 서 있다. 명나라 말 때 환관들이 돈을 모아 세웠다고 한다. 4백여 년의 오랜 역사를 지닌 패루다. 도교 사원과 유리패루. 온통 현대식 빌딩들로 뒤덮여 있는 거리에 옛 건물이 길 양쪽에 서 있는 것이 이채롭다.

13세기 초반에 도교는 두 개 파로 갈라졌다. 베이징의 서쪽에 위치한 백운관白雲觀에 본부를 둔 북방 도교인 전진교全真教는 명상 수련을 중시한다. 동악묘東岳廟는 장쑤성에 본부가 있는 남방 도교인 정일파正一派에 속한다. 남방 도교는 마법이나 불사약 그리고 귀신을 몰아내는 의식에 중점을 둔다.

동악은 중국 5대 명산의 하나인 산둥성에 있는 타이산泰山을 가리킨다. 동악묘는 타이산의 신인 동악대제에게 제사를 올리는 도관道觀이다. 그래서 길 건너편 녹색 패루에 '질사대종秩祀岱宗'이라 쓴 편액

이 걸려 있다. 명나라 때 유명한 간신인 엄숭이 쓴 글씨다. 동악묘는 상나라 때 폭군인 주왕紂王을 죽이고 사후에 산둥성에 있는 타이산의 대제에 봉해진 황비호黃飛虎를 기리기 위해 1319년에 처음 세워졌으니 7백 년의 역사를 갖고 있다. 동악묘는 명나라와 청나라 황제들이 매우 중시하여 역대로 황실의 후원을 받았다.

　동악묘에서 가장 먼저 마주치는 것은 형장哼將과 합장哈將이라는 수문장이다. 형장은 손에 창을 들고 있고, 합장은 도끼를 들고 있다. 이 두 수문장은 상나라 마지막 왕인 주왕을 섬기던 장군들이다. 전설에 따르면, 이들은 기인으로부터 적을 제압하는 절초를 전수받았다고 한다. 형장은 코로 한 번 '허엉'하면 두 줄기의 흰 빛이 발사되어 적의 혼백을 빨아들인다고 하고, 합장은 입을 한 번 크게 '하아'하고 벌리면 노란 기운이 뿜어져 나와 적을 혼비백산하게 만든다고 한다. 이 두 장군은 주나라와의 전투에서 전사했다.

　동악묘는 신상神像이 많기로 유명하다. 이 도관에는 3천여 개의 신

<그림 34> 동악묘의 귀졸

상이 있다. 동악묘의 첫 번째 마당의 가장자리에는 좁은 방들이 다닥다닥 붙어 있다. 이 수많은 작은 방들에는 도교 신들의 모습을 석고로 만들어 진열해 놓았다. 고대 중국인들은 저승에는 사람이 죽은 뒤에 심판을 받는 관청이 있다고 생각했다. 이것을 명부冥府라고 한다. 고대 중국인들은 이 명부가 타이산에 있다고 생각했다. 동악묘의

좁은 방들에는 명부의 세계, 즉 동악대제의 관할 아래 인간의 선악화복, 인과응보, 생사윤회 등을 주관하는 신들, 죽은 망자의 죄를 심판하는 판관, 저승사자, 저승에서 죄인들을 다스리며 고통을 주는 귀졸 그리고 저승으로 끌려온 죽은 망자들의 모습을 실물 크기로 재현해 놓았다.

우리는 집안에 누군가 죽으면 '돌아가셨습니다'라고 말한다. 사람이 죽는 것을 왜 돌아가셨다고 말하는 것일까? 사람이 죽으면 돌아가는 곳이 있단 말인가? 사람의 영혼에 관해 이야기를 좀 해보자. 고대 중국인들은 사람의 영혼이 혼과 백 둘로 나뉘어 있다고 생각했다. 음양으로 따져볼 때 양에 속하는 혼魂은 사람의 정신적인 측면을 지배하고, 음에 속하는 백魄은 감각기관을 통제한다. 고대 중국인들은 사람이 죽으면 이 두 영혼이 분리된다고 생각했다. 양에 속하는 혼은 죽은 자의 육신을 떠나 하늘로 올라가고 음에 속하는 백은 육신에 남게 된다는 것이다. 서로 떨어진 영혼이 다시 합치게 되면 살 수 있다는 생각에 사람이 죽으면 가장 먼저 하는 일이 육신을 떠난 혼을 다시 부르는 것이다. 이것을 초혼招魂의식이라고 한다. 혼을 불러도 다시 올 리가 없다. 두 영혼이 완전히 분리되었다고 생각되면 죽음으로 인정했다.

죽은 망자의 몸을 떠난 혼은 하늘신이 거주하는 파라다이스를 향해 먼 여행을 떠난다. 중국인들은 혼이 향해 가는 파라다이스가 타이산에 있다고 생각했다. 타이산은 하늘에 가장 가깝게 다가갈 수 있는 성스러운 산이었다. 중국인들은 타이산과 같은 성스러운 산을 신이 사는 하늘의 세계와 지상의 인간세상 그리고 지하의 황천을 하나의 축으로 연결하는 공간이라 여겼다. 중국인들은 낭만적인 생각을 했다. 죽은 이의 육신을 떠난 혼과 육신에 남은 백이 이 성스러운 산에서 언젠가 다시 만나 결합할 수만 있다면 저승에서라도 좋은 삶을 누릴 수 있다고 여겼다.

동악묘에서 유난히 우리의 시선을 끄는 것이 있다. 이 도관을 온통 붉게 물들인 '복패福牌'와 그것들을 수없이 매달아 놓은 '복로福路'다. 우리네 불교 사찰에서도 이러한 모습을 쉽게 찾아볼 수 있다. 설달 그믐날 밤이면 절에서 제야의 종이 울리기를 기다리며 새해의 복을 비는 내용을 종이에다 적어다가 새끼줄에다 매다는 것이다.

06
베이징의 오페라 경극

<그림 35> 호광회관의 경극 공연장

류리창에서 남쪽으로 멀지 않은 곳에 호광회관湖廣會館이 있다. 베이징 오페라인 경극京劇의 진수를 맛볼 수 있는 곳이다. '호광湖廣'은 지금의 후베이성과 후난성을 아우르는 말이다. 호광회관은 1807년 베이징을 방문하는 호광, 즉 후베이성과 후난성 출신의 고관 및 상인 그리고 과거를 치르기 위해 베이징에 온 서생들을 위해 두 성 출신의 고관과 상인들이 돈을 추려 마련한 게스트하우스였다. 미래의 '고관' 들과 미리 돈독한 관계를 쌓기 위해서 상인들이 그들에게 숙식과 오락을 제공했던 것이다.

회관은 명나라 때 생겼다. 베이징을 방문한 동향의 지방 관리, 발령을 기다리는 과거 급제자들, 과거 응시자들, 성공한 상인들이 회관에 묵었다. 베이징이 아닌 다른 도시에도 회관은 있었지만 베이징이 중국의 정치 중심인 수도라는 이점 때문에 베이징에는 다른 도시보다 회관의 수가 월등히 많았다. 명나라 때 베이징에는 70개의 회관이 있었다. 그 가운데 내성에는 13개의 회관이 있었고 대부분의 회관이 외성에 집중되었다. 청나라 때에는 회관을 내성에 두지 못하게 하여 내성에 있던 회관들도 외성으로 자리를 옮겼다. 18세기 후반에 회관의 수는 200개에 육박했고, 19세기 후반에는 그 수가 두 배로 증가했다.

중국의 면적은 유럽 전체 크기와 맞먹는다. 중국에 있는 한 개 성의 면적이 유럽에 있는 국가 하나의 면적과 같다. 예를 들어, 쓰촨성은 독일만큼이나 큰 면적을 차지하고 있다. 많은 중국인들이 사용하고 있는 광둥어는 베이징 표준말을 사용하는 중국인들에게 마치 이탈리아 사람들이 스페인어를 듣는 것처럼 다르게 들린다. 다양한 인종과 문화가 존재하는 국제도시 베이징에서 같은 지역 정체성을 공유하는 정치인들과 상인들은 자연스럽게 회관을 중심으로 뭉쳤다. 종종 특정한 사원과 연결되어 있는 회관에는 숙박 시설과 종교의식을 거행하는 장소를 갖추고 있다. 대부분의 회관에는 연회장과 오페라 공연장, 원림, 도서관 그리고 진사 응시생들을 위한 공부방 등이 있다. 회관은 베이징에서 고향 사람들을 만날 수 있는 공간이었다. 여기에 가면 고향 사람들과 고향 사투리로 이야기할 수 있고 고향 음식을 맛볼 수 있었다. 그들은 이곳에서 베이징에서 생활하는 데 필요한 정보를 얻을 수 있었다. 같은 지역 출신의 정치가와 상인들은 회관에 모여 서로 정보를 교환하고 관계를 돈독하게 함으로써 그들 나름의 권력을 만들어 갔다. 지방과 중앙의 네트워크가 이곳을 중심으로 연결되었다. 밤이 되면 회관은 유흥의 장소로 변모한다. 회관에는 경극을 볼 수 있는 무대가 있었다. 이곳에서 차와 술을 마시며 경극을 관람하면서 동향인들 간의 친목을 다졌을 것이다.

몇 년 전 나는 호광회관에서 유명한 경극 「패왕별희霸王別姬」를 관람했다. 사면초가로 궁지에 몰린 비운의 터프가이 항우와 그가 사랑한 여인 우미인虞美人의 애절한 이별 이야기다. 이 이야기는 한나라 때 역사가 사마천이 쓴 『사기』에 전해진다. 사마천은 「항우본기」에서 간결한 필치로 비운의 영웅이었던 항우의 이야기를 박진감 넘치게 그려내었다.

유방의 한나라 군대에 몰린 항우는 해하垓下에 성벽을 높이 쌓고 틀어박혀 있었다. 무기는 부족하고 식량은 떨어졌다. 한나라 군대는 성을 겹겹이 에워쌌다. 한밤중에 한나라 진영으로부터 초나라의 노랫소리가 들려왔다. "한나라가 이미 초나라를 취했단 말인가. 어떻게 초나라 사람이 이렇게도 많단 말인가." 항우는 몹시 놀랐다. 사방에서 들리는 초나라의 노랫소리는 궁지에 몰린 항우에게 고립감을 더욱 깊게 했다. 상황은 절망적이었다. 자리에서 일어난 항우는 군막에서 최후의 주연을 가진다. 그의 곁에는 사랑하는 여인 우미인과 애마 추

騅가 있었다. 항우는 비분강개하여 노래한다.

> 力拔山兮氣蓋世 　힘은 산을 뽑고 기운은 세상을 뒤덮거늘
> 時不利兮騅不逝 　시운이 불리하여 추가 나아가지 않는구나.
> 騅不逝兮可奈何 　추가 나아가지 않으니 어이할까.
> 虞兮虞兮奈若何 　우야! 우야! 어찌하면 좋겠니.

　궁지에 몰린 영웅의 절망감이 이 노래 속에 배어 있다. 우미인이 화답해 노래한다. 노래가 끝나자 항우의 두 눈에 눈물이 주르르 흐른다. 영웅이 눈물을 흘리니 곁에 있던 부하들이 따라 운다.

　곧이어 항우는 말 위에 오른다. 주군과 운명을 같이 하겠다고 함께 말을 타고 그를 따르는 휘하의 장수는 8백여 명. 날이 밝고 항우가 포위망을 뚫고 탈출한 사실을 뒤늦게 알고 추격에 나선 한나라 기마병은 5천 명. 한나라의 집요한 추격에 밀려 항우를 따르는 정예 기마병의 수는 점점 줄어들어 이제 남은 건 겨우 백여 명. 도중에 길을 잃고 갈림길에서 밭을 갈고 있던 한 농부에게 길을 물었다. 항우는 민심을 잃었다. 농부가 일러준 곳은 늪지대였다. 늪에 빠져 허우적대는 사이 한나라 군대는 추격의 간격을 좁혔다. 이제 남은 병사는 28명. 추격해 오는 한나라 기병은 여전히 5천. 탈출할 수 없다고 판단한 항우는 마침내 부하들에게 비장한 목소리로 다음과 같이 말한다.

　내가 군사를 일으킨 지 8년. 그동안 70여 차례 전투를 치렀다. 내 앞을 막아서는 자는 깨부수고 내가 공격한 자들은 모두 내게 굴복했다. 한 번도 싸움에 진 적 없이 마침내 천하의 패권을 잡았다. 하지만 지금 졸지에 이곳에서 곤궁에 처하게 되었으니 이것은 하늘이 나를 망친 것이지 내가 전투를 잘못한 죄가 아니다. 오늘 죽기를 각오하고 제군들을 위해 통쾌하게 싸워 반드시 세 번 이겨

제군들을 위해 포위망을 뚫고 장수의 목을 베고 깃발을 잘라 제군
들로 하여금 하늘이 나를 망친 것이지 싸움을 잘못한 죄가 아님을
알게 하리라.

항우는 말한 그대로 행했다. 겹겹이 쌓인 포위망을 뚫고 적장의 목
을 베었고 수십 수백의 한나라 군사를 쓰러뜨렸다. 항우는 자신이 이
렇게 궁지에 몰린 것은 하늘이 그를 저버린 것이지 자신의 탓이 아님
을 보여주고 싶었던 것이다.

마침내 항우는 우장烏江에 도착했다. 이 강을 건너면 그의 고국이
있는 강동江東이다. 항우는 강을 건너 다시 세력을 규합하여 재기할
심산이었다. 뱃사공이 배를 대고 기다리고 있었다. 그는 항우에게 말
했다.

강동이 비록 작다고는 하지만 땅이 사방 천 리이고 백성의 수가
10만이라 왕이 되시기에 충분합니다. 대왕께서는 속히 건너십시
오. 지금 오직 제게만 배가 있어 한나라 군대가 당도해도 건널 수
없습니다.

이 말이 영웅의 자존심을 건드렸다. 항우는 웃으며 말했다.

하늘이 나를 망쳤는데 내가 건너서 뭘 어찌 할 수 있겠는가. 게다
가 내가 강동의 자제 8천 명과 함께 강을 건너 서쪽으로 향했지만
지금 한 사람도 살아 돌아온 자가 없다. 설령 강동의 부형들이 불
쌍히 여겨 나를 왕으로 삼는다고 하더라도 내가 무슨 면목으로 그
들을 볼 수 있겠는가. 설사 그들이 아무 말을 하지 않더라도 내
마음에 부끄러움이 없겠는가.

그리고서 항우는 사공에게 생사를 같이 했던 애마 추를 준 뒤 부하

들을 말에서 내리게 하고 단검을 손에 들고 한나라 추격대를 향해 나아가 장렬한 최후를 마쳤다. 항우와 마지막까지 그를 따르던 26명 사나이들의 이야기다.

항우의 연인 우미인은 어떻게 되었을까? 사마천의 「항우본기」에는 아무런 말이 없다. 영화 「패왕별희」를 보면 그 궁금증이 풀린다. 영화의 시작 부분에 선혈을 뚝뚝 흘리며 칼로 자신의 목을 베는 우미인의 모습을 그린 그림이 영화의 포스트로 등장한다. 우미인은 절망에 빠진 항우를 위로하기 위해 검무를 추다가 절개를 지키기 위해 자결했던 것이다.

항우는 우미인에게 마차를 타고 뒤따르라고 한다. 그녀 없이는 싸울 의욕이 없었던 것이다. 여인은 이를 거절한다. 항우는 다시 그러면 차라리 유방에게 가서 목숨을 기탁하라고 말한다. 여인은 그의 말에 주저 없이 반박한다.

> 황제의 말씀은 옳지 않습니다. 충신은 두 임금을 섬기지 않고 어진 여인은 두 지아비를 두지 않습니다. 천하통일을 꿈꾼 황제께서 어찌 일개 계집에게 마음을 빼앗기려 하시나요. 이 계집의 사랑을 어여삐 여기신다면 마땅히 그 칼로 저의 목을 치시고 잊어주소서.

항우는 이를 거절하고 여인은 결코 혼자 살지는 않을 것임을 결심한다. 그리고 항우의 주의를 딴 곳으로 돌리고는 그의 칼을 빼앗아 스스로 목숨을 끊는다. 경극 「패왕별희」의 마지막 장면이다.

나는 호광회관에서 경극 「패왕별희」를 보았다. 호광회관의 「패왕별희」는 화려했다. 장국영이 주연했던 영화 「패왕별희」보다 더 현란하고 실감 났다. 사면초가를 당해 실의에 빠져 당황해 하는 항우. 그러한 그를 안타깝게 바라보며 위로하려 애쓰는 우미인. 그 절박하고 애절한 상황이 가슴에 와 닿았다. 손끝을 크게 떨면서 당혹스러워 하는 항우의 모습을 표현하는 배우의 연기가 참으로 압권이었다.

오랜 역사를 지닌 중국 오페라는 그 기원을 신령 숭배에서 찾아볼 수 있다. 한나라 때부터 배우들이 가면을 사용하기 시작했다. 오늘날 경극에서 배우들이 얼굴에 페인팅을 하는 이른바 검보臉譜의 원류를 여기에서 찾아볼 수 있다. 몽골이 중국을 통치했던 원나라 이후부터 중국의 오페라는 북방 오페라인 북곡北曲과 남방 오페라인 남곡南曲으로 나눠졌다. 북방 오페라는 몽골족의 취향을 반영하여 타악기 위주의 반주에 현악기를 더했다. 북곡은 액션과 이야기가 중심이다. 이에 반해 남방 오페라는 활기 넘치는 북방 오페라와는 달리 곡예와 같은 액션을 취하지 않는다. 관악기가 지배적이다. 명나라 정부는 몽골과 관련이 많은 북방 오페라를 그다지 좋아하지 않았다. 장쑤성의 쑤저우는 곤곡崑曲이라는 남방 오페라의 중심이 되었다. 곤곡은 고도의 소양을 갖춘 문인이 아니면 이해할 수 없었다.

베이징 오페라 경극은 서피西皮와 이황二黃 가락을 바탕으로 호금胡琴 및 징과 북으로 반주하는 오페라이다. 청나라 건륭제 때인 1790년부터 중국 남방에서 활동하던 삼경三慶·사희四喜·춘대春臺·화춘和春 등 4대 휘반徽班(안후이 오페라 휘극徽劇을 공연하는 극단)이 연이어 베이징으로 들어왔고, 그들은 후베이의 한극漢劇 오페라의 예인들과 함께 장쑤성 쿤산 오페라인 곤곡과 산시성陝西省의 진강秦腔 오페라의 레퍼토리 일부와 가락 그리고 공연 방식을 수용하여 그 바탕 위에 경극 오페라를 탄생시켰다.

경극 오페라가 탄생하기 전까지 명나라와 청나라 초반에는 남방 오페라인 곤곡이 오페라의 세계를 지배했다. 곤곡 오페라의 기원은 본래 민간에서 출발했으나 문인들의 손으로 넘어가면서 점차 고아해졌다. 특히 노래만 하고 연기를 하지 않는 이른바 '청곡淸曲'이 문인들의 사랑을 받았다. 문인 취향의 곤곡 오페라는 노랫말이 아름답지만 지나치게 심오하여 일반 대중이 이해하기 어려웠다. 경극은 곤곡과 달랐다. 문인 취향의 곤곡에 비해 경극은 통속적인 오페라였다. 노랫말보다 동작 위주의 경극은 그 내용이 충효와 절의에 관한 것이 많아 청중들을 감동시키기에 충분했다. 게다가 노랫말이 어렵지 않아 글을 배우지 못한 일반 대중들이 금방 이해할 수 있었다.

　배우들의 메이크업만 봐도 그 배우의 역할과 성격을 쉽게 파악할 수 있다. 메이크업이 역할마다 서로 다르다. 이를 검보라고 한다. 붉은색은 충성스럽고 강직한 성격을 표현한다. 이런 붉은 얼굴로 분장한 남자배역을 홍생紅生이라고 부르는데, 의리의 화신인 관우가 대표적이다. 자주색은 비교적 중후하고 강직한 성격을 지닌 인물을, 분홍색은 주로 충성스럽고 용감하지만 나이가 들어 혈기가 떨어진 인물, 검은색은 강직하고 엄숙한 성격을 상징적으로 표현한다. 강직함과 청렴의 대명사인 송나라 때 판관 포청천과 흑선풍이란 별명을 가진 어리석지만 솔직한 성격을 지닌 양산박의 영웅 이규李逵가 대표적인 인물이다. 얼굴 전체를 하얗게 칠하는 분백粉白은 속셈이 깊고 음험하며 교활한 성격을 상징적으로 묘사한다. 난세의 간웅 조조曹操와 명나라 때 국정을 전횡한 간신 엄숭이 대표적인 인물이다. 유백油白은 주로 독불장군처럼 거만하고 고집불통인 성격을 표현하는 데 사용한다. 제갈량의 명을 어기고 제멋대로 처단하다 결국에는 참수 당한 마속馬謖이 여기에 속한다. 항우의 분장 또한 유백이다. 항우만 한 독불장군이 없다. 그는 유방의 관상을 보고 황제의 기운이 서려 있음을 알고 항우에게 유방을 제거하라는 그의 충성스런 참모 범증范增의 간곡한 충고를 끝내 듣지 않았다. 결국 이 두 영웅은 심한 말다툼 끝에 결별하게 된다. 브레인이 없어진 항우. 범증이 떠난 뒤로 항우는 유방에게 계속 밀렸다. 결국 유방의 군대에 의해 사면초가를 당하는 궁지에 몰리게 된다. 황색은 흉악하고 잔인하면서도 나름대로 용맹한 성격을, 남색은 흉악하고 난폭한 성격을 나타낸다. 녹색은 급하고 거칠며 난폭한 개성을 표현한다. 금색과 은색은 신비한 느낌을 주기 때문에 주로 신선이나 요괴를 표현하는 데 사용된다.

1930년대까지 경극 배우들은 남자들이었다. 유교 전통이 대중 앞에서 여성들이 연기하는 것을 금했던 것이다. 오페라를 배울 때 오페라를 가르치는 스승은 제자들에게 배역을 정해 주었는데, 학생은 선생이 정해준 배역만을 평생 연기해야 했다. 경극의 배역은 크게 네 가지로 나뉜다. 생生은 남자 배역, 단旦은 여성 역할, 정淨은 무장武將으로 독특한 개성을 표현하기 위해 과장된 색채와 선으로 화려하게 얼굴을 분장한다. 정은 주로 호방한 남성을 연기한다. 강렬하고 성량이 풍부한 음성과 큰 동작으로 호방하고 강직하며 때로는 음험하고 터프한 남성상을 연기한다. 노래를 주로 부르는 정정正淨은 대부분 신분과 지위가 높은 조정의 충신이나 충성심 강한 나이 든 장수를 연기하며, 강직하고 웅혼하며 정의감을 갖춘 인물을 표현한다. 부정副淨은 동작을 위주로 하고, 무정武淨은 무예를 위주로 연기한다. 그리고 우스운 몸짓이나 코믹한 대사로 관객을 웃기는 어릿광대 역할을 하는 축丑은 코와 그 주변을 하얗게 칠한 것으로 쉽게 알아볼 수 있다. 다른 배역들과는 달리 가끔 청중들에게 오페라의 줄거리를 알려주기 위해 현대 중국어로 말한다.

경극 「패왕별희」와 같은 오페라가 중국 대중들의 사랑을 받기 시작한 것은 언제부터일까? 중국에서 대중문화가 꽃피우기 시작한 것은 송나라 때부터였다. 송나라 때 경제에 대한 정부의 규제가 완화되고, 차나 자기와 같은 중국 제품의 수출이 번창하여 경제가 급속하게 성장했다. 경제의 발달은 도시문화의 번영으로 이어졌다. 당시 중국은 한 주가 지금처럼 7일이 아닌 10일이었다. 대도시 서민들은 한 주에 하루를 쉬었는데, 그렇다면 100만 인구의 송나라 수도 카이펑은 매일 전체 인구의 1/10인 10만 명이 직장에 나가지 않고 쉬게 되는 셈이다. 카이펑은 이들의 오락 욕구를 충족시켜줘야 했다. 게다가 송나라 때 시행된 통금 해제는 당시 오락문화의 발달을 가속화시켰다. 통금의 해제는 당시 중국 도시 서민들의 생활패턴을 완전히 바꿔 놓았다. 거리로 쏟아져 나온 수많은 서민들로 카이펑의 밤은 항상 불야성을 이루었다. 서민들은 읽는 것보다 보고 듣는 것을 좋아했다. 이러한 서민들의 취향에 맞춰 스토리텔링과 오페라가 발달했다. 저잣거리 한 귀퉁이에서 역사책 『삼국지』에 나오는 손권과 유비의 연합군이 적벽에서 조조의 군대와 맞붙은 이야기, 북송 말에 기울어가는 나라를 구하기 위해 참전했던 양산박 영웅들의 이야기를 제스처를 곁들이며 재미나게 풀어 들려주던 이야기꾼의 이야기가 훗날 통속소설인 『삼국지연의三國志演義』와 『수호지』를 탄생시켰다.

도시 서민들이 보고 듣고 싶어 했던 것은 러브 스토리와 역사에 관한 이야기들이었다. 중국인들은 특히 그들의 역사 이야기를 보고 듣는 것을 좋아했다. 영화 「패왕별희」를 보라. 찻집에서 경극 「패왕별희」를 보던 관객들이 배우들의 멋들어진 연기에 환호한다. 그들이 왜 이토록 경극 「패왕별희」에 열광하는 것일까? 관객들은 항우와 우미인의 애틋한 러브 스토리를 환히 꿰고 있다. 너무나 잘 알고 있기에 줄줄 왼다. 아는 내용을 보고 또 봐도 지겹지가 않다. 아무리 들어도 좋다. 그들에게는 자랑스럽고 신이 나는 역사이다. 자신들이 익히 알고 있는 이야기를 배우들이 완벽하게 재현하기에 그들에게 환호하며 박수갈채를 보내는 것이다.

<그림 50> 메이란팡

아직도 사합원이 옛 모습을 간직하고 있는 시청취西城區의 후통 깊숙한 곳에 있는 호국사護國寺에서 서쪽으로 가면 메이란팡고거梅蘭芳故居가 나온다. 메이란팡梅蘭芳(1894~1961)은 20세기에 여성 역할인 단을 가장 완벽하게 소화한 경극 배우였다. 1894년에 할아버지와 아버지가 모두 유명한 경극 배우였던 집안에서 태어난 메이란팡은 여덟 살에 극단에서 경극을 배우기 시작하여 11세에 무대에 데뷔했고, 1920년대에는 중국 전역에서 이름을 날렸다. 봉건적인 유교가 뿌리 깊었던 중국의 전통사회에서 여성은 청중 앞에서 연기할 수 없었기에 남성이 여성 역할을 대신했다. 전성기에 메이란팡은 세계 순회공연을 했다. 1919년과 1924년에는 일본, 1930년에는 미국, 1932년과 1935년에는 구소련 그리고 1953년에는 북한에서 경극을 공연했다. 순회공연을 하러 다니면서 메이란팡은 찰리 채플린Charlie Chaplin(1889~1977), 폴 로브슨Paul Robeson(1898~1976), 세르게이 에이젠슈타인Sergei Eisenstein

(1898~1948), 콘스탄틴 스타니슬랍스키Konstantin Stanislavsky(1863~1963), 베르톨트 브레히트Berthold Brecht(1898~1956) 등 세계적으로 유명한 영화배우와 감독 그리고 극작가들과 교유했다.

경극 「패왕별희」 레퍼토리는 메이란팡이 만들었다고 한다. 그리고 1922년에 메이란팡은 양샤오러우楊小樓(1878~1938)와 함께 자신이 만든 「패왕별희」를 초연했다. 이 첫 번째 공연에서 메이란팡은 별희 우미인 역할을, 양샤오러우는 패왕인 항우를 연기했다.

영화 「패왕별희」를 보면 우리에게는 익숙하지 않은 광경이 나온다. 경극 「패왕별희」 공연 관람객들 가운데 새장을 들고 온 사람들을 발견하게 된다. 그리고 영화에서 경극 후원자로 나오는 원대인이 그의 저택에서 꽤 많은 새를 키우고 있는 장면이 나온다. 중국을 여행하다 보면 공원 가로수 가지 위에 새장을 걸어두고 벤치에 앉아 한담을 즐기는 노인들의 모습을 어렵지 않게 발견할 수 있다. '진귀한' 새들이 한꺼번에 조잘대는 모습은 장관이다. 중국인들, 아니 정확하게 말해 그들의 문화전통을 잃지 않고 지키고 싶어 하는 중국의 노인들은 새 키우는 걸 무척 좋아한다. 그런데 왜 그들은 새 키우는 걸 좋아하는 걸까? 새를 키우는 것은 전통시대 상류층들의 고상한 취미생활이었다. 새를 바라보며 감상하는 것은 뛰어난 예술품을 감상하는 것과 같이 고상한 행위로 여겨졌다.

만주족이 만리장성을 넘어와 청나라를 세운 뒤 팔기군은 청나라의 귀족이 되었다. 그들은 어떠한 생업에도 종사하는 것이 금지되었다. 국가가 그들을 먹여 살렸다. 나라가 태평할 때 무료한 그들에게 경극을 관람하고, 새장을 들고 산책을 하거나 투계를 하는 것은 중요한 취미생활이 되었다.

베이징의 새 마니아들에게는 그들 나름의 규칙이 있다. 다른 종류의 새들을 가진 사람들과는 함께 섞여 앉지 않는다. 다른 종의 새들과는 '대화'가 통하지 않는다는 생각에서다. 같은 종의 새라 해도 타지에서 갓 온 새는 좀 멀찍한 곳에 걸어둔다. 아직 베이징 '사투리'에 익숙하지 않아서 무리와 어울리기 위해서 그들의 '랭귀지'를 배울 시간이 필요하다는 것이다.

새를 키우는 데 세 가지 목적이 있단다. 하나는 바라보며 즐기기 위해서다. 깃털의 색깔이 예쁜 새만을 키우는 마니아들이 있다. 눈을 즐겁게 하기 위함이다. 두 번째는 마음을 즐겁게 하기 위해서다. 어떤 마니아들은 예쁜 것과는 거리가 먼 되새나 잣새를 키운다. 이러한 새들은 생긴 것은 못났지만 지능 지수가 높아 조금만 훈련시키면 주인의 말을 잘 알아듣고 재주를 부린다고 한다. 세 번째는 귀를 즐겁게 하기 위해서다. 마니아들은 개똥지빠귀나 종달새를 키운다. 이 세 번째 목적을 위해 새를 키우는 마니아들이 가장 많다. 그런데 귀를 즐겁게 하기 위해서는 부단한 노력을 쏟아 부어야 한다. 새 주인은 매일 아침 새장을 들고 산책을 하며 새에게 바람을 쐬어 주어야 하고, 같은 종의 새 곁으로 데려가 서로 '커뮤니케이션'을 하게 해줘야 한다. 잘 먹이고 즐겁게 해줘야 이 새가 언젠가는 '득음'을 할 수 있다고 한다.

07
고대 중국의 에듀테인먼트 연화

　베이징의 후퉁을 거닐다 보면 사합원의 문 양쪽에 얼굴에 수염이 덥수룩하게 난 두 명의 문신門神 그림이 붙어 있는 광경을 자주 목격하게 된다. 이러한 그림을 연화年畫라고 한다. 중국인들이 새해에 대문이나 실내 벽에 붙이는 그림이다. 연화의 용도는 크게 벽사辟邪·기복祈福·교육敎育 등 세 가지로 나누어진다. 벽사는 나쁜 귀신을 물리친다는 뜻이다. 벽사의 기능을 하는 연화는 주로 대문에 붙이는 문신화이다. <그림 38>은 연화에 사용되는 대표적인 문신이다. 대체로 무장을 한 건장한 장군의 모습을 하고 있는 이 두 명의 문신은 당나라(618~907) 때 실존했던 장군이었다. 당나라 태종 이세민李世民(재위 626~649)은 바깥에서 귀신들이 벽돌과 기와를 던지며 떠드는 소리에 잠을 이룰 수 없었다. 이에 진숙보秦叔寶(582~638) 장군이 동료 장군인 위지공尉遲恭(585~658)과 함께 매일 밤마다 날이 새도록 문밖을 지키자 그때부터 태종은 귀신들의 괴롭힘을 받지 않고 편히 잠을 잘

수 있었다. 자신을 위해 밤새 문밖을 지키는 두 장군의 건강이 염려
된 태종은 화가를 시켜 이 두 장군의 모습을 그림으로 그려 문밖에
두게 했다고 한다.

<그림 37> 연화

<그림 38> 진숙보와 위지공의 문신화

또 다른 하나의 유명한 문신은 종규鍾馗이다. 당나라 현종(재위 712~756)이 사냥을 나갔다가 중병에 걸렸다. 온갖 방법을 다 동원하였지만 병이 낫지 않았다. 하루는 꿈에 붉은색 옷을 입은 귀신이 나타나 현종이 아끼던 옥피리와 향낭을 훔쳐 도망갔다. 현종은 진노하여 귀신을 꾸짖고 있었는데 갑자기 낡은 모자를 쓴 덩치 큰 귀신이 나타나 귀신을 잡아먹었다. 현종이 그에게 누구냐고 물으니 그는 "저는 종남산 출신의 진사인 종규라고 합니다. 황제께서 제가 추하게 생겼다고 하여 등용하지 않으셨습니다. 그래서 저는 홧김에 궁전의 계단에 머리를 부딪쳐 죽었습니다. 그 뒤로 저는 귀신을 잡는 일을 하고 있습니다"라고 대답했다. 현종이 꿈에서 깨어난 뒤 병이 나았다. 현종은 꿈에서 본 종규의 모습을 당대 최고의 궁정화가인 오도자吳道子(약 680~759)에게

명하여 그림으로 그리게 했다.

<그림 40>은 복을 기원하는 연화에 속한다. 그림 속 멋진 흰 수염의 노인은 전한(B.C. 202~9) 때 유명한 문학가이자 정치가였던 동방삭東方朔(B.C. 161~B.C. 93)이다. 도교에 심취했던 그는 연금술에 빠졌던 마법사이기도 했다. 그는 죽어서 신선이 되었다. 중국 전설에 의하면, 그는 쿤룬산에 있는 여신인 서왕모가 키우던 복숭아를 먹고 불사의 존재인 신선이 되었다. 그의 손에 들려 있는 커다란 크기의 복숭아는 먹으면 불로장생을 누릴 수 있는 서왕모의 복숭아이다. 그래서 동방삭과 그의 손에 들려 있는 복숭아

<그림 39> 종규

는 장수를 상징한다. 동방삭의 앞에 서 있는 사슴은 무슨 의미일까? 우리나라에서 사슴은 십장생의 하나로 장수를 상징한다. 그런데 중국인들에게 사슴은 또 다른 의미가 있다. 사슴 '녹鹿'은 벼슬 '녹祿'과 중국어 발음이 같다. 중국인들은 발음이 같은 글자끼리 의미를 서로 연결시킨다. 그래서 사슴은 관직을 상징한다. 나의 자식들이 커서 높은 관직에 오르기를 바라는 마음이 반영되어 있다. 그림의 왼쪽 상단 모퉁이를 보라. 새가 한 마리 있다. 무슨 새일까? 박쥐이다. 우리는 박쥐를 징그럽다고 싫어하지만 중국인들에게는 복을 가져다주는 동물이다. 중국을 여행하다 보

<그림 40> 동방삭

<그림 41> 기린송자

면 곳곳에서 박쥐 문양을 쉽사리 찾아볼 수 있다. 박쥐를 한자로 편복蝙蝠이라고 한다. 여기에서 복蝠과 복을 뜻하는 복福이 중국어 발음이 같다. 그래서 박쥐는 복을 상징한다.

<그림 41> 또한 기복을 위한 연화이다. 이 그림에는 4개의 아이콘이 있다. 그림 속 아름다운 여인은 아들을 내려준다는 천녀天女이다. 그녀의 앞에는 아기가 있고, 아이가 손에 들고 있는 것은 군자에 비유되는 연꽃이다. 그리고 천녀와 아기가 타고 있는 동물은 태평시대에 세상에 출현한다는 전설상의 동물인 기린麒麟이다. 이 4개의 아이콘이 결합된 그림을 중국인들은 '기린송자麒麟送子'라고 한다. 공자의 어머니가 아이를 등에 태운 기린이 품 안으로 들어오는 태몽을 꾸고 공자를 낳았다고 한다. 중국인들은 아이의 돌잔치 때 아이의 부모에게 이 「기린송자」 그림을 선물로 준다고 한다. 아이가 성장한 뒤 공자처럼 뛰어난 인재가 되라는 뜻이 담겨 있다.

<그림 42> 공성계

　<그림 42>는 삼국시대 촉나라 승상 제갈량諸葛亮(181~234)의 유명한 '공성계空城計'에 관한 내용을 연화로 그린 것이다. 이 이야기는 소설『삼국지연의』95회에 나온다. 자신의 재능을 믿고 자만에 빠져 있던 마속馬謖(190~228)이 지키고 있던 제팅街亭을 함락한 위나라 장군 사마의司馬懿(179~251)는 승리의 여세를 몰아 15만 대군을 이끌고 제갈량이 주둔하고 있던 시청西城으로 쳐들어왔다. 당시 제갈량은 주력 부대를 모두 다른 곳에 원병을 보냈기 때문에 시청에는 병들고 늙은 병사들만 남아 있었다. 과불적중寡不敵衆. 적은 병력으로 15만 대군을 대적할 수 없었던 제갈량은 고민 끝에 묘책을 생각해냈다. '공성계', 즉 성을 비우는 계책이었다. 제갈량은 시청의 성문을 활짝 열고 성루에 올라 한가로이 거문고를 연주했다. 그 모습을 본 사마의는 매복이 있을 것을 염려하여 퇴각했다고 한다. 이 유명한 역사 이야기는 인구에 회자되었다.

그런데 연화를 찬찬히 살펴보면 무언가 이상한 점이 있음을 발견하게 될 것이다. 성 앞에 서 있는 사마의 그리고 그의 뒤에 서 있는 사마의의 두 아들 사마사司馬師(208~255)와 사마소司馬昭(211~265)의 모습이 경극에서 볼 수 있는 배우들의 모습이다. 그들은 경극 의상을 입고 있는데, 사마의의 머리 위에는 경극 배우들이 공연할 때 사용하는 장식인 두 개의 긴 꿩 깃털이 투구 위로 솟아나 있다. 사마사의 등에는 카오치靠旗라는 삼각형으로 된 4개의 군기가 꽂혀 있다. 경극에서 장군의 역할을 하는 배우들이 사용하는 소도구이다. 또한 제갈량이 거문고를 연주하고 있는 성루의 성벽도 실제 성벽이 아니라 무대세트처럼 보인다. 이 연화는 경극에서 유명한 레퍼토리인 「공성계」 오페라를 공연하는 한 장면을 포착한 것이다.

<그림 43-a> 장판파 연화

<그림 43-b> 장판파 연화

<그림 43-c> 장판파 연화

<그림 43-d> 장판파 연화

<그림 43>의 네 장의 연화에서도 비슷한 장면들이 연출된다. 첫 번째 「당양장판파當陽長板坡」라는 제목의 연화에는 한 장수를 중간에 두

고 여러 장수들이 포위하고 전투를 벌이고 있는 장면이 그려져 있다. 이들 또한 경극 의상을 입고 등에 카오치를 꽂고 있으며, 이들 가운데 한 장수의 투구 위로 두 개의 긴 꿩 깃털이 솟아나 있다. 그리고 이들 가운데 최소한 두 명은 얼굴을 화려하게 화장했다. 나머지 세 장의 연화 또한 경극에 등장하는 배우들의 모습이다. 한 가지 다른 점이 있다면 모두 말을 타고 있다는 것이다. 무대에 말을 등장시키는 것은 거의 불가능한 일이지만 그림이기에 가능하다. 이 네 장의 연화는 모두 동일한 주제를 다루고 있다. 바로 경극「장판파」이다. 이 이야기는『삼국지연의』41회「유현덕은 백성들을 이끌어 강을 건너고, 조자룡은 홀로 말을 타고 주군을 구하다劉玄德攜民渡江, 趙子龍單騎救主」에 나온다. 이야기는 이렇다. 건안 13년인 208년에 조조가 남으로 징저우를 정벌하여 당양當陽 창판포長坂坡에서 유비를 추격하자 유비의 군대는 혼란에 빠져 모두 뿔뿔이 흩어진다. 유비의 충직한 부하 장수인 조운趙雲(?~229, 자는 자룡子龍)은 조조 적진에 갇혀 있는 주군 유비의 식솔인 감부인甘夫人과 미부인糜夫人 그리고 아두阿斗를 구출하기 위해 홀로 적진으로 뛰어든다. 그는 먼저 감부인을 구하여 미축糜竺으로 하여금 감부인을 호위하여 돌아가게 하고 난 다음 미부인과 아두를 찾아 나섰다. 아두를 안고 달아나다 중상을 입은 미부인은 조운이 그녀를 찾아냈을 때 아두를 품에 안고 무너진 담 아래 마른 우물가에 앉아 울고 있었다. 미부인은 감부인이 낳은 유비의 유일한 혈육인 아두를 살려내기 위해 자신이 조운에게 짐이 되지 않으려고 아두를 땅바닥에 내려놓고 우물에 몸을 던져 자결한다. 조운은 조조의 군사가 그 시신을 욕되게 할 것이 두려워 토담을 밀어 마른 우물을 덮고는 아두를 품에 안고 말 위에 올라 겹겹이 쌓인 포위망을 뚫고 마침내 주군의 아들인 아두를 구출하는 데 성공한다.

조운이 구출한 아두는 훗날 유비의 뒤를 이어 촉나라의 왕이 된 유선劉禪(207~271)이다. 4장의 연화를 살펴보면 조운의 품속에 아두가 있는 것을 발견할 수 있다. 한 가지 재미난 것은 조운의 머리 위에 용이 그려져 있다는 것이다. 그의 품속에 있는 아두가 뒷날 유비의 뒤를 이어 왕이 되었기에 왕을 상징하는 용을 그려놓았다.

청나라 초반인 1660년대부터 연화가 목판인쇄를 통해 널리 유통되었다. 명나라 말에 목판인쇄술이 크게 발달하여 동일한 이미지의 대량생산과 유통이 가능해졌다. 인쇄술의 발명으로 인해 인간은 시각을 통해 세상을 지각하게 된다. 지식은 시각을 통해 얻어지고 경험은 눈을 통해 확인하게 되었다. 인쇄술의 발달로 동일한 텍스트와 이미지의 반복적인 대량 생산이 가능하게 되었다. 연화는 이러한 배경에서 성행하게 된다. 소수 식자층들과는 달리 텍스트에 접근이 어려웠던 대다수 문맹 대중들은 시각적 이미지를 통해 지식을 습득했다. 이들은 반복적인 오페라 공연 관람 '칸시看戲'를 통해 『삼국지연의』에 나오는 역사 이야기에 친숙하다. 우리가 위에서 살펴보았던 경극 「공성계」나 「장판파」와 같은 오페라에 등장하는 장면을 묘사한 연화는 오페라 공연에서 보았던 똑같은 장면을 재현한다. 경극 관람을 통해 『삼국지연의』에 나오는 역사 이야기에 친숙한 문맹 대중들에게 무대 관습－배역의 의상과 얼굴 분장, 소도구, 배역의 동작－을 그대로 옮겨놓은 연화는 텍스트에 의존하지 않고 강력한 유교적 메시지가 전달된다. 오페라 관람을 통해 중국의 대중들은 시각적 아이콘에 친숙하다. 청나라 때 허난성의 카이펑에서 만든 「장판파」 연화(그림 43-b)를 보는 문맹 대중은 오른손에 검을 들고 한 아이를 가슴에 품고 등 뒤에 용 깃발을 꽂고 있는 사람은 바로 목숨을 걸고 적진에 뛰어들어 주군 유비의 아들 아두를 구출하는 조운임을 단번에 알아본다. 연화에는 관습적으로 나타나는 코드가 있다. 이 그림에서 검, 가슴에 품은 아이 그리고 용 깃발은 조운을 나타내기 위한 코드들이다. 중국의 대중들은 이러한 코드를 읽어낼 수 있는 비주얼 리터러시visual literacy, 즉 시각적 문해력을 갖고 있다. 그들은 「장판파」 연화 속에 나타난 코드들을 결합하여 그가 하후은夏侯恩으로부터 조조의 청강보검靑釭寶劍을 빼앗고 유비의 아들 아두를 구출한 조운임을 인식한다. 그들은 '장판파' 전투에서 고군분투한 조운에게서 충성과 의리 같은 유교적인 메시지를 읽게 된다. 조운은 중국인들의 전통적인 유교 이념의 모범적인 실천-유비와 그의 아들에 대한 변함없는 충성과 자기희생 그리고 의리-을 보여준다. 문맹 대중들은 연화를 봄으로써 유교 이념의 덕목인 충효와 인의예지를 일깨운다.

경극 오페라의 내용을 다룬 연화는 보는 이가 쉽게 알아볼 수 있는 무대복장과 얼굴 분장을 한 캐릭터로 묘사된다. 반복적인 공연 관람을 통해 역사 이야기에 친숙한 문맹 대중들에게 연화 이미지로 스토리텔링을 환기시켜주고 그 속에 내포된 유교적 가치 및 메시지를 재확인시킴으로써 연화는 텍스트에 의존하지 않고도 유교적 가치관을 전파시킬 수 있는 매우 중요한 시각적 교육매체였다.

청나라의 통치자들은 광대한 영토와 수많은 민족들로 이루어진 중국을 어떻게 다스렸을까? 다민족국가를 건설한 청나라 만주족 정부는 어떻게 헤게모니를 이루었을까? 청나라 정부가 헤게모니를 이루기 위해 시도한 몇 가지 노력들을 생각해 볼 수 있다. 그 첫 번째가 유교 국가를 건설하는 것이다. 청나라 정부가 직면한 첫 번째 과업은 유교적 가치관에 기반을 둔 교육을 통해 백성들을 문화적으로 통합하는 것이었다. 일반 백성들에게 유교 정통사상의 핵심을 전달하기 위해 순치제는 '육유六諭(1652)', 강희제는 '성유聖諭 16조(1670)'를 그리고 옹정제는 '성유광훈聖諭廣訓(1724)'을 공표했다. 이러한 '문명화 프로젝트Civilizing Project'는 청나라 통치자들이 그들의 권력을 공고히 하기 위한 다양한 헤게모니적 전략들 가운데 하나이다. '성유'의 강학은 한 달에 두 차례 향약에서 행해졌다.

'성유'의 반포 및 보급과 『사고전서』의 편찬을 통해 청 정부는 사상과 텍스트에 대한 지식정보를 확보하게 된다. 이러한 문화프로젝트를 통해 청나라 전반기 중국 정부는 헤게모니를 이루게 된다.

청나라 통치자들은 권력을 유지하기 위해 두 가지 과업에 직면했다. 유교적 사회·정치질서를 보존하고 비한족 지배자로서 권력을 유지하는 것이었다. 첫 번째 과제를 달성하기 위해서는 상호 의존의 기반 위에서 청조 지배와 중국 문화를 통합시켜야 했다. 정치체제와 문화의 통합은 이민족 왕조로서 권력을 보존해야 한다는 두 번째 과업에서 청조가 정당성을 확보하는 데 도움을 주었다. 강희제와 옹정제 그리고 건륭제 등 청나라 전반기 통치자들은 정치 질서의 확립은 이데올로기의 통제를 통해 이루어진다고 믿었다. 한족이 아닌 이민족 지배자로서 권력을 유지하기 위해서는 교육받은 엘리트들과 일반 대중들의 마음을 순화시켜야 하며, 非유교적, 反만주적 그리고 음란하고 선동적인 사상 등 이단의 악영향을 제거해야 한다고 생각했다. 이러한 맥락에서 청나라 만주족 정부는 공식적인 이데올로기로 정주程朱 이학理學을 표방하고, 정주학파에서 주석한 유교 경전을 과거시험을 위한 텍스트로 삼았다. 이것은 출사出仕를 유일한 목표로 삼는 유생들이 학문 방향을 잡는 데 결정적인 영향을 끼쳤다. 청나라 정부는 또한 엄격한 문학검열을 통해 문인들의 문예활동을 철저히 통제했다. 백성들의 마음을 순화시키기 위해 청나라 정부가 마지막으로 취한 조치는 유교 사상을 백성들에게 교육하는 것이었다. 청나라 정부는 사회의 위계질서와 화합을 중시하는 유교 윤리를 농촌과 도시의 민간에 주입시켜 사회질서를 유지하고 사상을 통제하여 황권을 보호하고자 했다.

1670년 강희제는 이민족 정부로서 대다수가 한족인 중국에서 비한족 지배자로서 통치권을 강화하고 유교적 사회 질서를 보존하기 위해 문화정치를 실시한다. 중국의 전통적인 용어를 빌리자면, 그는 '화치化治'를 표방했다. 왕의 문화적 영향력인 덕으로 백성들을 교화한 것이다. 다시 말하면, 무력을 사용하지 않고 오로지 도덕의 힘으로만 '천하'세계에 안녕과 질서를 가져다줄 수 있는 정치를 하겠다는 것이다. 도덕 질서는 정치 질서의 기반이며, 통치는 백성들을 도덕적으로 변화시키는 과정이라고 보았다. 백성의 마음을 순화하기 위해 강희제가 취한 조치는 유교 사상을 백성들에게 교육시키는 것이었다. 강희제는 유교로 백성들의 일상적인 행동을 지도하기 위해 1670년에 '성유 16조'를 공표했다. 강희제는 '성유'를 중국 전역의 모든 가정에 보급하도록 명했다. 그래서 중국 정부는 매월 1일과 15일 두 차례 향약에서 백성들에게 '성유'를 강술하게 했다.

문제는 대다수 대중들의 문해력 부재였다. 1681년에 양연년梁延年은 여성과 아동 그리고 문맹 대중들을 위해 '성유'를 도해한 『성유상해聖諭像解』를 간행하여 유포시켰다. 그림에 간결하고 이해하기 쉬운 설명을 덧붙인 이 책은 여성과 아동들이 쉽고 명확하게 이해할 수 있었기 때문에 문맹 대중을 교육하는 데 도움이 되었다. 그러나 근본적인 문제는 해결되지 않았다. 이러한 책들을 읽기 위해서는 높은 수준의 문해력이 필요했으며, 일반 대중들이 구입해서 읽기에는 책의 가격이 너무 고가였다. 결과적으로 대다수 문맹 대중들을 위한 '성유' 보급은 책이 아닌 다른 루트를 통해 이루어졌다. 글을 모르는 대다수 대중들은 보는 문화에 익숙했다. 그들은 '시각적 문해력'를 갖고 있었다. 매달 두 차례 향약 모임을 통해 '성유'에 익숙한 문맹 대중들은 '성유'를 재미있게 들려주는 이야기꾼의 스토리텔링과 유교의 도의적 메시지를 시각화한 경극과 연화를 통해 이해했다. 『삼국지연의』에 나오는 역사 이야기를 다룬 오페라와 연화는 어린이와 여성 그리고 문해력이 없는 대중들에게 매우 적합한 계몽 교재였다. 전형적인 인물이나 사건을 통해 인격을 도야하고 처세하는 방법이나 도덕규범 등을 가르칠 수 있다. 충효나 권선징악과 같은 유교적 윤리도덕을 계몽할 수 있는 오페라와 연화는 가정의 화목과 사회 안정에 매우 유익하다. 고대에 글자를 해독할 수 없었던 사람들은 오페라와 이야기꾼이 들려주는 이야기 그리고 연화 같은 그림을 통해 견문을 넓혔다. 그들은 자녀들에게 글을 가르치는 대신에 연화를 보여주며 그 속에 묘사된 인물이나 사건에 관한 이야기를 들려줌으로써 아이들이 선악과 시비를 구별하게 가르쳤다. 오페라와 연화는 동일한 주제의 반복을 통해 유교 이념을 문맹 대중에게 고취시킬 수 있었다. 청나라 특히 건륭제 때에 이르러 유교 사상과 가치관이 사회 모든 계층에 보편화되었다. 여기에는 연화의 힘이 크다.

08
황제의 정원 원명원

2001년 4월 1일 미국 정찰기 한 대가 중국 전투기와 충돌한 뒤 중국 남부의 하이난 섬에 비상착륙했다. 이 사건으로 중국과 미국은 외교 관계가 심각하게 악화되었다. 중국은 미국 정부가 공식적인 사과를 할 때까지 미 해군의 EP-3E 정찰기에 탑승했던 24명 승무원들의 송환을 거부했다. 부시 대통령은 사건이 발생하고 11일이 지나서야 결국 중국인 조종사의 죽음에 대한 사과의 편지를 보냈고 곧이어 미국의 '인질'들은 석방되었다.

서구인들은 부시의 사과가 중국인들에게 얼마나 중요한지 그 심각성을 알지 못했다. 잘못을 인정하는 것 말고도 이 사과는 중국인들에게 160년 동안 기다려왔던 상징적인 보상으로 와 닿은 것이다. 세계의 눈에는 정찰기와 전투기의 충돌이 단순한 비행 사고로 비춰질 수도 있지만 중국인들에게 이 사건은 급속히 발전하는 중국을 저지하여 무력화시키려는 서구 열강들의 새로운 시도로써, 한 세기에 걸쳐 길게 이어진 국치의 또 다른 모습으로 여겨졌다. 부시의 사과는 1839년에 일어났던 아편전쟁 이래로 서구 열강들에 의해 이리저리 휘둘리고 강탈당했던 중국에 잠시나마 민족적 자긍심을 회복하는 효과를 가져다주었다.

베이징의 서북부는 행정구역상 '하이뎬취海淀區'에 속한다. 베이징 사람들은 호수를 '바다海'라고 불렀다. 그래서 베이징의 중심부에 자리 잡은 호수들의 이름은 '베이하이北海', '중난하이中南海', '시하이西海', '허우하이後海'이다. 호수의 이름에 모두 바다 해海자가 들어간다. 하이뎬취에는 '바다'가 많다. 호수와 주변의 경관이 아름답고 시원하여 예로부터 베이징의 왕족과 고관들이 이곳에 여름 별장을 많이 지었다. 하이뎬취는 또한 대학이 많기로 유명하다. 우리에게 잘 알려진 베이징대학北京大學과 칭화대학淸華大學을 비롯하여 베이징사범대학北京師範大學, 인민대학人民大學, 베이징어언대학北京語言大學 등 수없이 많은 대학들이 이곳에 몰려 있다. 왜 하이뎬취에 대학이 많은 걸까? 중국이 근대화되면서 이곳에 있는 왕족과 고관들의 별장들을 대학으로 개조했기 때문이다. 그 대표적인 예가 베이징대학과 칭화대학이다.

중국인들은 정원을 원림園林이라고 한다. 명나라 때부터 베이징의 왕족과 고관들은 산과 호수가 많은 베이징 성 바깥 서북쪽 교외인 이곳 하이뎬취에 원림을 짓기 시작했다. 청나라를 건국한 만주족 통치자들은 명나라 때 한족들이 조성해 놓은 원림들을 흡수하여 여름 별장을 지었다. 그들은 황량하고 삭막하고 살벌한 자금성에서 벗어나 이곳에서 여름을 시원하고 조용하게 보낼 수 있었다. 자금성이 왜 황량하고 삭막하고 살벌할까? 자금성에 왕들이 살았을 때는 나무를 심지 않았다고 한다. 거기에는 두 가지 이유가 있었다고 한다. 음양오행에 의하면, 나무가 흙을 누른다고 한다. 흙을 대표하는 색은 노란색이다. 자금성의 지붕을 덮고 있는 노란 유리기와에서도 볼 수 있듯이, 중앙의 색인 노란색은 황제를 상징한다. 나무가 황제를 상징하는 노란 흙을 누르면 큰일이니 나무를 심어 놓을 수가 없다. 또 하나의 이유는 자객의 침입을 방지하기 위해서라고 한다. 자객이 자금성에 잠입했다가 황제를 시해한다면 큰일이 아닐 수 없다. 자객이 숨을 곳을 없애야 한다. 나무를 심어 놓을 수가 없다.

베이징 성 서북쪽 교외에 세워진 거대한 여름 별장인 원명원圓明園은 청나라의 두 번째 황제인 강희제가 훗날 그의 뒤를 이어 제위에 오른 그의 네 번째 아들인 윤진(옹정제)에게 하사한 원림이었다. 원명원이 지금의 모습을 갖춘 것은 옹정제의 뒤를 이어 황제가 된 건륭제에 의해서 이루어졌다. 원명원에서 나고 자란 건륭제는 이곳을 그의 보금자리로 여겨 추운 겨울 몇 달 동안만 자금성에서 지냈다. 그런데 왜 그들에게 여름별장이 필요했던 것일까? 원나라를 세웠던 몽골족과 마찬가지로 만리장성 너머 추운 초원에서 생활했던 청나라 만주족들에게 베이징의 무더운 여름은 참으로 견디기 어려웠을 것이다. 유목생활을 했던 그들에게 대도시 생활은 익숙하지 않았다. 도시의 소음에 참다못한 청나라의 황제는 1648년에 베이징 성 안에서 모든 행상들을 '침묵'하게 했다. 그들이 떠드는 소리가 만주족 황족들을 괴롭혔던 것이다. 이러한 이유로 해서 청나라 황제들은 만리장성 너머 만주 땅 러허에 피서산장을 지어놓고 그곳에서 더위와 소음을 피했다. 이후에 같은 목적으로 그들이 베이징의 서북쪽에다 세운 또 다른 여름별장이 바로 원명원과 이화원頤和園이다.

명나라와 청나라를 통틀어 가장 열렬한 조경 마니아였던 건륭제는 그의 할아버지 강희제에 의해 처음 조성한 원명원을 그의 60년 치세 기간에서 가장 뛰어난 걸작으로 만들었다. 1749년에서 1772년까지 건륭제는 원명원의 동쪽과 남쪽에 또 다른 원림인 장춘원長春園과 기춘원綺春園(후에 만춘원萬春園이라고 불렀다)을 조성했다. 각각 서쪽과 동쪽 그리고 남쪽으로 푸하이福海라는 호수를 끼고 있는 건륭제의 이 세 원림들은 원명원이라는 하나의 이름으로 알려지게 되었다.

일 년 중 가장 추운 몇 달을 제외하고 중국의 황제들이 거주하는 곳이라고 하여 서구인들에게 'Old Summer Palace'로 알려진 '원명원圓明園'은 강희제가 붙인 이름이다. 중국에서 둥근 '원圓'은 '원만圓滿', 즉 완벽함을 뜻한다. 그래서 원명원에는 완벽한 통치를 이루어 보겠다는 강희제의 염원이 담겨 있다. 원명원은 단순한 여름 별장이 아니었다.

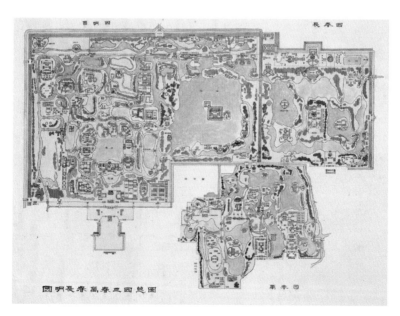

<그림 44> 원명원 지도

청나라 황제들에게 원명원은 교외에 위치한 행정부였다. 황제들은 이곳에서 외교 사절들을 접견했고, 중요한 정무 회의를 했다. 그래서 원명원은 베이징 성 심장부에 위치한 자금성과 거의 동등한 지위를 누렸다. 이러한 이유로 원명원의 구획 배치는 자금성과 많이 닮았다. 정부 청사와 조정은 원명원 입구에서 가까운 남쪽에 몰려 있고, 황제의 주거공간인 내정은 북쪽에 그리고 오락공간과 사원, 사당, 도서관, 화랑, 극장 등은 산과 호수 주변에 분산하여 배치했다. 그리고 왕자들과 관료들을 위한 30개의 주거 지역뿐만 아니라 하인들과 환관들이 거주하는 수많은 작은 마을을 만들어 놓았다.

150년 동안 5명의 만주족 통치자들은 음력설이 지난 뒤에는 원명원으로 옮겨와 지냈다. 이곳에서 그들은 정무를 보았을 뿐만 아니라 다양한 형태의 여가와 오락을 즐겼다. 건륭제는 자신의 건강을 지키기 위해서 휴식의 중요성을 강조했다. 그러한 그에게 원림은 조정에서의 고된 정무를 끝내고서 아름다운 경관을 감상하며 심신의 피로를 풀 수 있는 공간이었다. 그래서 이 거대한 원명원은 건륭제에게 현실세계를 초탈하여 고차원적인 정신적 기쁨 속에서 술을 마시고, 연회를 베풀고, 시를 짓거나 그림을 그리기에 안성맞춤인 원림이었다. 원명원은 명상을 위한 조용하고 아름다운 경관을 제공할 뿐만 아니라 쾌락을 향한 열망을 충족시켜줄 수 있는 다양한 오락공간들이 즐비했다. 이 가운데 하나는 환관들이 만들어 놓은 간이 장터였다. 이곳에서 황제와 후궁들은 물건을 사려고 분주히 움직이는 군중 속에 섞여 골동품과 노리개를 사기 위해 가격을 흥정하는 것을 좋아했다.

(1770년 / 두루마리의 일부 / 비단에 수묵채색 / 68.8×1994cm / 뉴욕 메트로폴리탄 미술관 소장)
운하를 따라 쑤저우로 들어가는 장면을 그렸다.

<그림 45> 서양徐揚(활동 1760~1776). 「건륭남순도乾隆南巡圖」의 여섯 번째 장면

　원명원은 청나라 때 베이징 주변에 지어진 5개의 황제 원림들 가운데 가장 훌륭한 원림이었다. 자금성보다 5배나 큰 면적을 차지하고 있는 원명원은 세계에서 가장 큰 왕립 정원이다. 중국에서 가장 유명한 원림들의 축소판을 한곳에 모아 놓은 원명원은 중국의 원림 박물관이라고 할 수 있다. 명나라 때부터 청나라 초반까지 중국에서 조경은 매우 큰 인기를 누렸다. 건륭제의 치세 기간에 조경은 최고의 전성기를 누렸다. 원림으로 유명한 창장 이남 지역으로의 여러 차례의 여행을 통해 건륭제는 조경에 대한 식견을 넓힐 수 있었다. 건륭제는 중국 각지, 특히 강남 지역의 수많은 이름난 원림들의 아름다운 경관들을 원명원에 재현했다. 건륭제는 6차에 걸쳐 강남 지역인 장쑤성과 저장성으로 남순南巡했으며, 여러 차례 우타이산五台山으로 서순西巡, 타이산泰山으로 동순東巡했다. 그는 또한 러허熱河, 성징盛京(지금의 선양沈陽) 그리고 판산盤山 등지를 여행했다. 건륭제는 중국 각지를 여행할 때마다 그의 마음에 드는 자연경관과 원림경관이 있으면 수행한 화가에게 그림으로 그리게 하여 귀경하여 원명원에 재현했다. 예를

들어, 건륭제는 항저우杭州의 '서호십경西湖十景'을 그대로 모방하여 원명원에 조성했다.

원명원에 재현된 원림들의 앙상블은 정교하게 조성된 경관과 화려한 건축물뿐만 아니라 청나라 황제들이 수집하여 원명원에 진열해 놓은 엄청난 양의 진귀한 가구와 고서 그리고 그 밖의 다른 진기한 보물들로 빛을 발한다. "원명원에는 석가산石假山이라는 돌을 쌓아 만든 산, 바위 사이를 굽이쳐 흐르는 축소된 크기의 운하, 신선들이 산다는 유토피아를 모방하여 만들어 놓은 여러 개의 섬들이 있는 아름다운 호수가 있다. 산과 인공 바위산 그리고 호수 사이로 복잡하게 얽혀 있는 길을 지나면 세계에서 가장 아름답고 화려한 사치품과 예술품들이 진열되어 있는 웅장한 궁궐을 만나게 된다. 이 모든 것들이 오직 황제 한 사람만을 위해 존재한다." 프랑스 예수회 선교사인 미셸 브누아Michel Benoist(1715~1774)가 1767년에 원명원을 본 첫인상을 적은 것이다.

건륭제는 유럽에서 온 예수회 선교사들을 좋아했다. 그들로부터 유럽에 관한 유익한 정보를 얻어들을 수 있었기 때문이다. 원명원에서 건륭제를 위해 일했던 예수회 선교사들이 유럽으로 보낸 편지를 통해 유럽인들의 의식 속에 중국 황제의 정원에 대한 환상이 자리 잡게 되었다. 유럽인들이 '동방의 베르사유'라고 극찬한 이 동방의 에덴동산은 세련된 동방 문화의 상징이 되었으며, 세계적인 명성을 얻었다. 그리스의 파르테논 신전과 이집트의 피라미드에 비견되는 이 엄청난 크기의 원림은 만리장성과 함께 유럽인들에게 중국인의 독창성과 지혜를 엿볼 수 있는 가장 모범적인 사례로 비춰졌다. 프랑스의 빅토르 위고Victor Hugo(1802~1885)는 그가 가보지 못한 원명원에 대해 "우리의 대성당들에 있는 보물들을 모두 합쳐도 이 아름답고 장엄

한 동방의 박물관에는 필적할 수 없다"라는 찬사를 보냈다.

프랑스 출신의 예수회 수도사로 건륭제 때 중국에 파견되어 30여 년 동안 청나라 궁정화가로 활동한 장 드니 아티레Jean-Denis Attiret(중국 이름은 왕치성王致誠, 1702~1768)는 원명원의 계상궁啓祥宮에 배속되어 궁정 소용의 각종 장식화와 건륭제와 관련된 기록화 제작에 참여했다. 1743년에 파리로 보낸 장문의 편지 "에트르 에디피엉트Lettres Edifiantes(모범적인 교훈을 주는 편지들)"에서 아티레는 원명원에 관해 설명했다. 이 편지는 유럽에서 출판된 중국의 조경예술에 관해 언급한 최초의 기록이다. 1749년에 파리에서 출간된 아티레의 편지는 18세기에 유럽에서 중국 스타일의 정원이 유행하게 되는 데 엄청난 영향을 끼쳤다. 그의 편지는 조경에 있어 엄격하고 고도로 정형화된 프랑스풍의 조경에서 그림 같은 영국의 풍경식 정원으로 변환하는, 조경 혁명을 촉발시켰다.

중국인들은 원명원을 '만원지원萬園之園', 즉 수많은 원림들 가운데 으뜸가는 원림이라고 극찬한다. 원명원은 중국 조경예술의 최고봉이었다. 1744년에 건륭제는 궁정화가인 당대唐岱(1673~1752)와 심원沈源 그리고 냉매冷枚(약 1669~1742) 등에게 원명원의 빼어난 경관 40개를 그림으로 그리게 했다. 11년이 걸려 그림이 완성되자 건륭제는 이 40경에 관한 시를 지었고, 공부상서 왕유돈汪由敦(1692~1758)이 글씨를 썼다. 이렇게 해서 완성된 것이 『원명원사십경도영圓明園四十景圖咏』이다. 상하 두 권으로 나누어 원명원의 봉삼무사전奉三無私殿에 보관했는데, 1860년에 영국과 프랑스 연합군이 원명원을 불태우면서 이 화첩을 가져가 나폴레옹 3세(재위 1852~1871)에게 바쳤다. 지금은 파리 국가도서관에 있다.

<그림 46> 원명원 40경의 제1경 「정대광명正大光明」

정대광명은 원명원의 정전正殿에 붙여진 이름으로, 주희朱熹(1130~1200)의 「답여백공서答呂伯恭書」 "대저 성현의 마음은 정대광명하다(人抵聖賢之心 正大光明)"에서 따온 것이다. 1725년에 완성된 정대광명전에 걸려 있는 편액 글씨 '正大光明'은 옹정제가 쓴 것이다.

『원명원사십경도영』을 보관하고 있던 봉삼무사전은 원명원 40경의 하나인 '구주청연九州清晏'에 있었다. '구주九州'는 9개의 섬이란 뜻이다. 고대 중국인들은 이 세계가 9개의 섬들로 이루어져 있다고 생각했다. 그래서 구주는 곧 세계를 의미한

다. '청연清晏'은 '황하의 물은 맑고, 바다는 평온하다'라는 뜻하는 '하청해연河清海晏'을 줄인 말로, 천하가 태평성대함을 의미한다. 그래서 '구주청연'은 이 세계가 태평성대함을 뜻한다. 구주청연은 원명원의 서쪽에 위치한다. 남

<그림 47> 구주청연

쪽으로 첸후前湖를 사이에 두고 원명원 40경의 또 다른 하나의 경관인 '정대광명'과 마주 보고 있다. 그림 속 구주청연의 중앙으로 난 길에는 남쪽을 향해 원명원전, 봉삼무사전 그리고 구주청연전이 늘어서 있다. 가장 남쪽에 있는 원명원전에는 강희제가 '圓明園'이라고 쓴 편액이 걸려 있고, 중앙의 봉삼무사전은 조상들에 제사를 올리는 제전祭殿이며, 봉삼무사전의 뒤에 있는 구주청연전은 황제의 침소이다. 구주청연의 북쪽은 허우후後湖라는 호수가 있다. 이 호수 주변으로 9개의 인공 섬들이 에두르고 있는데, 구주청연은 그 가운데 하나의 섬이다. 이 9개 섬들이 세계를 의미하는 구주를 이루게 된다. 구주가 세계의 의미를 지니기 시작한 것은 중국 신화에 등장하는 우임금에게로 거슬러 올라간다. 우임금이 세운 하夏나라는 9개 지역으로 이루어져 있었다. 이것이 구주이다. 중국인들에게 우임금은 이상적인 정치를 펼친 성군으로 인식된다. 건륭제가 이 구주청연을 만든 데에는 그의 정치적 메시지가 담겨 있다. 구주청연에는 우임금처럼 하나로 통일된 중국을 평화롭게 다스리고 싶다는 건륭제의 정치적 염원이 반영되어 있는 것이다.

<그림 48> 2010년 상하이 엑스포 중국관

2010년에 상하이에서 엑스포Expo가 열렸다. 이 세계박람회에 전시된 중국관의 외관을 이루고 있는 붉은색의 대형 건축물의 이름은 '동방지관東方之冠'이다. 건물의 모양이 이름에 걸맞게 고대 중국의 모자처럼 생겼다. '관冠'자에는 모자 이외에 '으뜸'이란 뜻도 담겨 있다. '동방지관'. 중국이 '동방의 으뜸'이란 것이다. 이 동방지관 앞에 펼쳐져 있는 화원의 이름은 '신구주청연新九州淸晏'이다. 새로운 구주청연이다. 중국인들은 그들의 전통문화 아이콘을 정치적으로 활용하는 데 빼어난 재주를 가졌다. 이 화원을 통해 중국 정부는 원명원에 구주청연이란 경관을 조성했던 건륭제처럼 조화로운 중국을 건설하겠다는 자신감을 세계에 과시하고 있다.

09
건륭제의 놀이동산

　　건륭제는 호기심 많은 군주였다. 그는 중국 전역을 여행하며 자신의 제국에 관한 폭넓은 지식을 쌓았으며, 이국적인 나라들과 색다르고 진기한 모든 것에 관심을 가졌다. 건륭제는 특히 서구의 예술과 과학에 대한 끝없는 호기심을 보였다. 이러한 이유로 건륭제는 회화, 시계와 기계 제작, 수리학 그리고 건축뿐만 아니라 수학과 지리학, 천문학, 물리학 등의 방면에 박학한 지식을 갖고 있는 예수회 선교사들이 그의 조정에서 일할 수 있도록 허용했다. 건륭제는 그들로부터 유럽 군주들의 생활방식에 관한 이야기를 들을 수 있었다.

　　이들 '외국 전문가들' 가운데 화가 교육을 받은 이탈리아 예수회 선교사 주세페 카스틸리오네Giuseppe Castiglione(중국 이름은 낭세녕郎世寧, 1688~1766)와 수학과 천문학 그리고 수리학에 뛰어난 프랑스 신부 미셸 브느와Michel Benoét(중국 이름은 장우인蔣友仁, 1715~1774)가 있었다. 1747년에 건륭제는 이 두 선교사가 보여준 프랑스 베르사유

와 이탈리아 궁전들에 있는 아름다운 정원을 묘사한 동판화와 함께 그들이 들려준 베르사유 궁과 이탈리아에 있는 궁전들에 관한 이야기에 깊은 인상을 받았다. 건륭제는 한 유럽의 궁전 앞에 있는 물이 뿜어져 나오는 분수를 그려 놓은 그림을 보고 무척 신기해했다. 그는 카스틸리오네에게 이것이 뭐냐고 묻고는 그의 조정에 있는 선교사들 가운데 이러한 '기계'를 제작할 수 있는 사람이 있는지를 알아보게 했다. 그래서 분수 제작의 책임을 맡은 것은 브느와 신부였다.

브느와가 만든 기계로 작동되는 분수에 고무된 건륭제는 궁정화가로 활동하는 예수회 선교사들에게 그가 동판화에서 본 유럽 궁전과 같은 궁전을 지어줄 것을 주문했다. 건륭제는 장춘원(조성 1745~1751)의 서북쪽 모퉁이에 있는 7에이커(뒤에 20에이커로 늘어났다)의 좁고 기다란 땅을 유럽식 궁전이 들어설 자리로 정했다. 카스틸리오네가 건축 설계를 맡았고, 프랑스 예수회 선교사인 피에르-마르띠알

<그림 49> 서양루 해연당海晏堂 서면西面

시보Pierre-Martial Cibot(1727~1780)의 도움을 받아 브느와가 분수를 설계했다. 아티레와 독일 예수회 선교사 이그나즈 지첼바르트Ignaz Sichelbarth(중국 이름은 애계몽艾啓蒙, 1708~1780)가 이 프로젝트에 합류하여 건축 설계와 인테리어 장식을 감독했다. 식물학자인 프랑스 예수회 선교사인 피에르 댕카르빌Pierre d'Incarville(1706~1757)이 조경을 맡았다. 건륭제의 유럽식 궁전은 순전히 예수회 선교사들의 상상력과 기발한 아이디어를 통해 탄생했다. 선교사들의 대부분은 건축에 관한 교육을 받아본 적이 없는 아마추어였다. 건륭제가 주문한 이탈리아의 바로크풍 저택과 베르사유 궁전을 원명원에 재현하기 위해 카스틸리오네는 유럽에서 가져온 동판화와 유럽인들이 쓴 책들 속에 있는 삽화들을 참고했고 거기에다 자신의 기억과 상상력을 더했다. 카스틸리오네는 건륭제를 기쁘게 함과 동시에 그에게 유럽 건축이 웅장하고 정교하다는 사실을 일깨워주고 싶었다. 이렇게 소수의 예수회 선교사들이 오랜 세월에 걸친 노력 끝에 잘 손질된 프랑스식의 정원, 바로크풍의 조각상들, 정자, 새장 그리고 당시 유럽 정원에서 찾아볼 수 있었던 관목 숲의 미로를 복제한 돌로 만든 '만화미궁萬花迷宮(황화진黃花陣이라고도 한다)' 등을 포함한 유럽식 궁전 서양루가 탄생했다. 그래서 유럽의 왕족들이 시누아즈리Chinoiserie에 매료되어 기존의 정형적인 스타일을 포기하고 풍경식 조경에 관심을 기울이고 있었을 때 건륭제는 유럽인들에게는 이미 한물간 바로크풍으로 그의 작은 베르사유 궁전을 건설했다.

원명원의 유럽식 궁전 '서양루西洋樓' 건설은 3단계로 나누어져 진행되었다. 1751년 가을에 1단계 서양루가 완공되었다. 1759년에 루이 15세의 명에 의해 프랑수아 부셰François Boucher(1703~1770)가 그린 밑그림을 바탕으로 여섯 장의「중국식 태피스트리Les tentures chinoises」가 보베에서 제작되었다. 1767년에 루이 15세는 이 태피스트리를 예수회 선교사들을 통해 건륭제에게 선사했다. 서양루의 원영관遠瀛觀은 루이 15세에게서 받은 보베의 태피스트리를 전시하기 위해 건설되었다. 1783년에 해기취諧奇趣, 방외관方外觀, 해연당 그리고 원영관등 주요 건물과 해기취, 해연당 그리고 대수법大水法에 있는 3개의 분수들을 포함한 유럽식 궁전인 서양루가 최종적으로 완성되었다.

<그림 50> 부셰가 그린 밑그림을 바탕으로 보베에서 제작한 두 번째「중국식 태피스트리」시리즈의 일부

<그림 51> T자형 서양루 조감도

서양루는 원명원의 다른 어떤 건물군보다 잠재적으로 서로 대립하

는 이데올로기들이 이종 문화 간의 잡종성이란 전략을 통해 통합되는 장소로 부상했다. 건륭제를 위해 서양루를 설계한 예수회 선교사화가들은 웅장한 것을 좋아하고 절충주의적인 건륭제의 관심을 끌어서 유럽의 업적 더 나아가 서구가 승리하는 데 기반이 되었다고 그들이 주장하는 기독교를 보여주려고 했다. 수십 년에 걸쳐 열정을 다해 청나라 조정을 위해 봉사했음에도 불구하고 순치제부터 건륭제에 이르기까지 4대에 걸친 청나라 통치자들에게 서구의 종교에 대한 관심을 갖게 하는 데 실패한 예수회 선교사들은 다른 방법으로 그들의 실패를 만회하려고 했다. 예수회 선교사들은 일련의 넓은 전망과 기념비적인 건축물 그리고 기발한 분수를 선원근법으로 배치함으로써 건륭제에게 서구 문화의 우월함을 보여주고자 했다. 그러나 실제는 예수회 선교사들의 의도대로 진행되지 않았다. 뢰씨雷氏 가문의 주도하에 수많은 건축가와 조경가들이 예수회 선교사들이 만든 설계도를 자기들 나름대로 해석하여 바로크풍에 중국의 전통적인 건축 및 조경 양식과 재료를 가미했다. 더 중요한 사실은 서양루의 설계와 건설에 건륭제가 깊이 관여했다는 것이다. 설계도는 건륭제의 꼼꼼한 검토와 수정을 거쳤다. 건륭제는 예수회 선교사 예술가들이 중국의 화가 및 장인들과 함께 일했던 여의관如意館을 자신의 거처 근처에 두고 수시로 방문하여 서양루 건설의 진행 상황을 살폈다. 건륭제는 에둘러 흐르는 시냇물과 용 문양 그리고 기와를 올린 우진각지붕 등 중국의 전통적인 요소들을 포함할 것을 명했다.

건륭제의 명에 의해 만주족 궁정화가 이란태伊蘭泰(활동 1749-1786)가 1783년에 시작하여 1786년에 완성했다.

<그림 52-a> 서양루를 묘사한 20개 동판화, 해기취諧奇趣 남면(50×87.5cm)

<그림 52-b> 해기취 북면

<그림 52-c> 저수루蓄水樓 동면

<그림 52-d> 화원문花園門 북면

<그림 52-e> 화원花園 정면

<그림 52-f> 양작롱養雀籠 서면

<그림 52-g> 양작롱 동면

<그림 52-h> 방외관方外觀 정면

<그림 52-i> 죽정竹亭 북면

<그림 52-i> 해연당海晏堂 서면

<그림 52-k> 해연당 북면

<그림 52-l> 해연당 동면

<그림 52-m> 해연당 남면

<그림 52-n> 원영관遠瀛觀 정면

<그림 52-o> 대수법大水法 정면

<그림 52-p> 관수법觀水法 정면

<그림 52-q> 선법산문線法山門 정면

<그림 52-r> 선법산線法山 정면

<그림 52-s> 선법산 동문

<그림 52-t> 호동선법화胡東線法畵

　　유럽과 중국 문화가 적절하게 융합되어 탄생한 서양루는 마치 영화 세트장 같았다. 호화로운 서양루의 건축물들은 사람이 살거나 황제의 일상적 활동을 하기 위한 목적에서 만들어진 공간이 아니었다.

서양루는 마치 놀이동산에 있는 정교하게 만들어진 장난감 집 같았다. 서양루에서 건륭제는 유럽식 의자에 앉아 유럽 음악을 들으며 유럽 음식을 먹거나 유럽 장난감을 갖고 놀며 유럽인들의 생활을 흉내낼 수 있었다. 예술품, 대형 거울, 태피스트리, 자명종 그리고 기계로 작동하는 장난감 등 건륭제가 수집한 유럽의 진귀한 물건들과 가구들로 가득 차 있는 서양루의 방들은 마치 유럽 왕족들의 '호기심의 방'에 진열되어 있는 이국적인 물건들을 보는 듯한 느낌을 주었다. 서양루는 건륭제가 감탄하며 봤던 동판화와 그림에 묘사되어 있던 유럽의 궁전들을 입체적으로 재현했다. 건륭제는 달 밝은 밤에 이 이국적인 놀이동산에서 시간을 보내는 것을 좋아했다. 그는 만화미궁의 한가운데에 있는 대리석으로 만든 정자에 앉아 가장 먼저 그가 있는 정자에 도착하여 황제의 총애를 받기 위해 마치 어둠 속에 날아다니는 수많은 반딧불처럼 등불을 들고 미로 속을 헤매고 다니는 후궁들의 모습을 지켜보며 심신의 피로를 풀었다.

원명원을 조성한 건륭제의 정치적 의도를 파악하기 위해 원림에 관한 고대 중국의 문화전통을 살펴볼 필요가 있다. 고대 중국의 통치자들은 중앙에 원苑을 만들어 '천하세계'의 기이한 산물을 수집했다. 그 대표적인 예가 진시황제가 수도인 셴양咸陽에 조성한 상림원上林苑이다. 진시황제는 정복한 국가들의 궁전들을 복제하여 상림원에 재현했으며, 상림원을 확충한 한무제는 천하세계의 기이한 동·식물과 광물을 수집하여 상림원에 두었다. 그의 영향권에 있는 '세계'의 모든 지역으로부터 각 지역을 대표하는 표본들을 수집하여 중앙에 있는 상림원이라는 울타리 안에 집중시킴으로써 중국의 통치자는 그 대상들이 서식하는 지역에 대한 지배를 공포하게 된다. 또한 지상의 통치자에 대한 하늘의 의지를 나타내는 징조로 해석될 수 있는 주변 지역의 기이한 동·식물과 광물을 수집하여 상림원에 두는 것은 통치자가 자신의 문화적 영향력을 재확인하는 절차라고 할 수 있다. 조공을 통해 사방에서 수집한 기이한 사물을 소유하는 것은 곧 그 대상 지역에 대한 지배를 의미하게 된다. 그러므로 이렇게 기이한 사물들을 하나의 제한된 공간에 집중하여 소유하는 것은 또한 세계에 대한 지배를 의미하게 된다. 각 지역의 문화를 구성하는 다양한 문화상징물들은 특정한 시간과 공간의 역사적 맥락에서 벗어나 문화적 동질성을 갖게 된다.

원명원은 당시 세계 최대의 박물관이었다. 원명원은 세계 각국에서 수집한 진기한 보물들, 골동품, 고서화 등을 소장했다. 건륭제는 중국 각지의 이름난 원림을 복제하여 원명원에 재현했고, 예수회 선교사들의 도움을 받아 원명원 내에 유럽식 궁전인 서양루를 건설했다. 또한 그는 세계 각국에서 수집한 진기한 산물들을 원명원에 전시했으며, 문원각에 『고금도서집성』과 『사고전서』를 보관했다. 원명원은 또한 세계 각국에서 가져온 온갖 희귀한 동·식물들로 가득 차 있는 동물원이자 식물원이었다. 다민족국가를 통치하는 건륭제에게 원명원은 천하세계의 삼라만상을 포용하는 우주적 존재인 통치자가 지닌 가장 실체적인 이미지를 제공한다. 원명원은 세계의 모든 생명체를 포용하는 통치자의 힘을 세계에 공포하는 소우주로서의 상징적 기능을 갖는다.

10
불타는 원명원

서양루는 아이러니한 운명을 지녔다. 완성된 지 100년이 되지 않아 이 환상적인 궁전을 창조했던 바로 그 유럽인들에 의해 파괴된 것이다. 그 발단은 제2차 아편전쟁(1856~1858)이었다. 1858년에 무역항의 개방과 외교관의 베이징 주재에 대한 유럽 측의 요구를 받아들이는 톈진조약의 체결로 전쟁은 종결되었지만 이듬해에 조약 비준서를 교환하기 위해 베이징으로 가고 있던 영국과 프랑스 대표들이 승격임심僧格林沁(1811~1865)이 이끄는 청나라 군대의 공격을 받음으로써 조약의 이행이 위태롭게 되었다. 청나라 정부가 조약에서 체결한 의무 사항들을 지키게 하기 위해 영국과 프랑스는 1860년에 군대를 중국에 파견했다. 1860년 9월 18일 청나라 조정에 서신을 전달하려던 영국과 프랑스 특사 일행들이 중국에 의해 억류되었다. 이 사건은 영국과 프랑스에 새로운 전쟁을 일으키는 빌미를 제공했다. 영국의 제임스 호프 그랜트 경Sir James Hope Grant(1808~1875)과 프랑스의 드 몽토방de Montauban이 이끄는 영불 연합군이 베이징에 파견되었다. 프랑스는 바롱 그로Baron Gros를 대사로 임명했고, 영국은 8대 엘긴 백작 Eighth Earl of Elgin인 제임스 브루스James Bruce(1811~1863)를 특사로 베이징에 파견했다. 엘긴 경의 아버지 7대 엘긴 백작인 토마스 브루스 Thomas Bruce(1766~1841)는 그리스 아테네의 아크로폴리스 언덕에 있는 파르테논 신전을 장식하고 있던 대리석으로 만든 조각상들을 떼어내 영국으로 가져간 인물이다. 현재 영국 런던의 대영박물관에 전시되어 있는 이 대리석 조각상을 '엘긴 마블스Elgin Marbles'라고 부른다. 아들 엘긴 경 또한 원명원의 약탈과 파괴에 중심적인 역할을 하게 된다.

1860년 10월 5일에 지금의 하이뎬취에 해당하는 베이징의 서북쪽 지역을 점령한 영불 연합군은 청나라 황제 함풍제咸豐帝(재위 1851~1861)가 아직도 원명원에 있을 것이라고 생각하고 10월 6일 밤에 원명원을 기습했다. 그러나 함풍제와 그의 조정은 이미 북쪽 만리장성 너머 러허에 있는 피서산장으로 피신을 한 뒤였다.

영불 연합군은 원명원에 있는 보물들을 약탈한 뒤 궁전을 불태우고 파괴했다. 5세기에 서유럽에 침입하여 로마를 약탈하여 로마문화를 파괴한 반달족처럼 그들은 원명원을 약탈하고 파괴했다. 영국과 프랑스 군인들은 그들이 가져갈 수 없는 것은 파괴했다. 불교 사원들에 있던 불상들은 몸에 박혀 있는 보석들을 떼어내기 위해 총칼로 찔렀다. 원명원에 있던 최상급의 예술품들을 빅토리아 여왕Queen Victoria (재위 1837~1901)과 나폴레옹 3세(재위 1852~1871)에게 바치기 위해 영국과 프랑스로 가져갔다. 원명원에서 약탈하여 빅토리아 여왕에게 바친 것들 가운데 하나는 페키니즈라는 개였다. 생긴 모습이 사자를

<그림 53> 폐허가 된 원명원

닮았다고 하여 '사자개獅子狗'라고 불렸다. 고대 중국의 왕족들이 궁궐에서 기른 애완견이다. 빅토리아 여왕은 이 개에게 '루티looty'라는 이름을 지어주었다. 'loot'는 전리품이라는 뜻이다. 영국의 통치자가 영국군이 중국에서 가져온 개에게 '전리품'이라는 참으로 의미 있는 이름을 붙였다.

영불 연합군이 약탈한 것들 중에는 원래 유럽 국가의 군주들이 청나라 황제들에게 선물했던 유럽 물건들도 포함되어 있었다. 예를 들면, 프랑스의 루이 15세가 청나라 황제에게 선물했던 고블랭 태피스트리Gobelin tapestry라는 벽걸이 융단은 현재 옥스퍼드의 애슈몰린 도서관Ashmolean Library 벽에 걸려 있다.

원명원의 약탈에 가담했던 영국 장교 찰스 고든Charles Gordon(1833~1885)은 원명원에 있던 어좌들 가운데 하나를 약탈하여 영국 동남부의 채텀Chatham에 있는 연대 본부에 기증했다.

영불 연합군이 원명원을 약탈한 이듬해에 수많은 진귀한 물건들이 유럽의 경매시장, 골동품 가게 그리고 부호들의 집에 등장하기 시작했다. 유럽 왕족들의 정원에는 원명원에서 가져온 중국 물건들로 가득했다. 원명원이 약탈당하고 몇 년 동안 런던과 파리의 미술 시장에서 엄청난 양의 진귀한 중국 물건들이 팔렸으며, 이 가운데 대부분은 루브르 박물관과 대영박물관으로 흘러들어 갔다. 원명원 약탈로 인해 갑자기 유럽에 쏟아져 나온 중국 물건들은 19세기 후반 유럽인들을 아시아 예술에 대한 열광의 도가니에 빠져들게 만들었다.

1860년 10월 8일 중국인들에 의해 체포되었던 외국 죄수들의 일부는 석방되었으나 『런던 타임즈』 기자를 포함한 몇 명의 외국인들은 살해되었다. 중국이 영국과 프랑스 외교관들을 고문하고 살해한 것에 분개한 영불 연합군의 지휘관들은 이러한 잔혹한 행위에 대한 보복에 나섰다. 영국 죄수들의 장례식이 거행된 다음 날인 10월 18일에 엘긴 경은 연합군에게 원명원을 불 지를 것을 명했다. 원명원에 있던 건축물의 80%가 화재로 인해 사라졌다. 유럽의 지식인들은 영국과 프랑스 군대가 저지른 야만스러운 행위에 분노했다. 빅토르 위고는 중국 황제의 환상적인 여름 궁전이 영국과 프랑스라는 '두 강도들'에 의해 완전히 폐허로 변한 것에 대해 경악을 금치 못했다. 문화유산의 보존에 대한 강력한 옹호자였던 빅토르 위고는 엘긴 경 부자에 의해 자행된 문화 파괴를 신랄하게 비난했다. 이 프랑스 작가는 값을 매길 수 없는 예술품이 본래의 자리를 떠나 다른 곳으로 옮겨지는 사실에 대해 개탄했다.

고국에서 비난이 쏟아지자 영불 연합군은 그들이 자행한 만행을 정당화했다. 엘긴 경은 원명원을 약탈한 병사들을 통제하지 못한 데 대해 변명하거나 원명원을 불태우라고 그가 내린 명령에 대해 사과하지도 않았다. 그는 오히려 청나라 황제의 여름 궁전을 파괴한 것은 보복을 위한 엄정한 행위였으며, 청나라 황제와 그의 조정에 오랫동안 상처를 안겨다 줄 수 있는 즉각적이고 효과적인 징벌이었으며, 원명원을 공격하는 것이 청나라 황제의 자존심에 충격을 가하고 민간인들에게 피해를 주지 않는 방법이라고 생각했다고 주장했다.

1997년에 일반에 개방했다. 원명원 40경 가운데 18경을 엄선하여 건설한 것으로, 이 사진은 그 가운데 해연당을 재현한 것이다.

<그림 54> 광둥성 주하이珠海에 있는 원명신원圓明新園

11
중국으로 돌아온 12지신상

    당시 중국인들은 영불 연합군에 의해 원명원이 약탈당하고 파괴된 것을 국치로 여겼다. 청나라의 지식층들은 엘긴 경이 저지른 행위에 분개했다. 그들은 원명원의 화려한 궁전들이 파괴된 것에 비통해하지 않았다. 그들은 이것을 호사스러운 건륭제의 어리석은 행동이 초래한 결과로 보았다. 대신 그들은 그 무엇으로도 대체할 수 없는 소중한 문화유산이 서구 열강들의 야만스런 행위에 의해 파괴된 것에 분개했다.

    세계의 중심이라는 강한 자부심에 사로잡혀 있던 중국은 이제 서구 열강들에 의해 약하고, 낙후되고, 빈곤하며 반식민지적인 국가로 전락했다. 영불 연합군이 원명원을 파괴한 뒤 베이징조약의 체결과 톈진조약의 비준이 이루어졌다. 청나라 중국은 영국에게 엄청난 금액의 전쟁배상금 지불, 주룽반도의 할양, 톈진 항의 개항, 중국에서 선교의 자유 보장, 아편 무역의 합법화 등 많은 것을 내어주어야 했다.

그리고 서구 열강들에게는 베이징에 영구적인 공사관의 설치가 허용되었다.

1900년 의화단의 난이 일어났을 때 원명원은 또다시 파괴되었다. 의화단 및 그밖의 다른 약탈자들은 원명원에 침입하여 진귀한 목재들을 떼어 가기 위해 1860년 원명원 파괴 이후에 보수한 건축물들을 허물었다. 의화단에 포위된 베이징의 8개국 공사관을 구출하고 자신들에게 반감을 지닌 의화단을 진압한다는 명분을 앞세워 영국, 미국, 독일, 프랑스, 러시아, 일본, 이탈리아 그리고 오스트리아 등 베이징에 파견된 8개국 연합군이 원명원에 남아 있던 청동상, 석각 그리고 자기로 만든 장식물 등 예술적 가치가 있고 돈이 되는 것은 모조리 떼어 갔다. 이 두 번째 약탈이 있은 뒤 청나라 황실과 정부는 원명원을 버렸다.

폐허가 된 원명원은 8개국 연합군에 의해 약탈당한 지 100년이 지난 2000년 4월과 5월에 1860년 원명원에서 약탈당한 중국의 문화재가 홍콩의 소더비즈Sotheby's와 크리스티즈Christie's 경매에 나옴으로써 세간의 화제로 다시 떠올랐다. 경매에 나온 원명원 문화재에는 17세기에 제작된 자기와 세 개의 청동으로 만든 동물의 두상이 포함되어 있었다. 이 세 개의 청동 동물 두상은 1744년 카스틸리오네와 브누아가 설계하여 만든 서양루 해연당 서쪽에 놓여 있는 분수를 장식했던 청동으로 만든 십이지신상의 일부였다. 이 세 개의 청동 동물 두상은 1860년에 약탈당해 1861년 프랑스에서 처음으로 경매되었다가 1987년 뉴욕 메트로폴리탄 박물관에 원숭이 두상이 나타나기 전까지 오랫동안 사라졌었다. 나머지 호랑이와 소 두상은 1989년 런던에서 경매되었다. 중국 정부는 해외로 유출된 문화재의 환수에 노력했다. 6

각형의 17세기 자기는 국가문물국이 2천만 홍콩 달러에 경매로 사들였고, 세 개의 청동 동물 두상은 베이징에 있는 국영기업인 바오리그룹Poly Group(保利集團)이 미화 4백만 달러에 경매했다. 중국의 주요 일간지들은 해외로 유출되었던 문화재가 중국으로 되돌아온 것을 19세기에 서구 열강들에 의해 빼앗겼던 강대국의 지위를 다시 찾았음을 상징하는 것이라고 찬양했다.

12
서태후의 별장 이화원

　원명원에서 매우 가까운 곳에 있는 이화원이 현재의 모습을 갖추기 시작한 것은 1750년 어머니의 60세 생신을 축하하기 위해 기존의 것을 개축하기 시작했던 건륭제 때부터다. 동궁문東宮門을 통해 이화원으로 들어와 첫 번째로 만나는 건물은 서태후와 광서제가 정무를 보던 인수전仁壽殿이다. 그 이름은 『논어』에서 따왔다. 1898년에 광서제가 캉유웨이康有爲(1858~1927)를 등용하여 변법자강을 위한 개혁을 단행하기 전까지 서태후는 이곳 인수전에서 노란 천을 사이에 두고 광서제의 뒤에 앉아 섭정했다. 인수전의 뒤에 위치한 옥란당玉蘭堂은 1898년의 무술정변이 실패로 끝난 뒤부터 서태후가 이화원에 머무는 동안 광서제가 갇혀 있던 곳이다. 왜 황제를 감금했을까? 1898년에 서태후가 23세의 광서제에게 친정親政을 허락하자 광서제는 캉유웨이의 도움을 받아 개혁을 추진했다. 광서제는 교육, 상업, 정부 그리고 군사 분야의 개혁을 명하는 칙령을 계속하여 반포했다. 이러한 일이

<그림 55> 덕화원

3개월 동안 지속되자 서태후는 이를 더는 두고 볼 수 없었다. 개혁으로 만주족의 위치가 위태로워질 것을 염려한 그녀는 광서제를 유폐시키고 개혁가들을 잡아 처형했다. 당시 개혁을 주도했던 캉유웨이와 량치차오梁啓超(1873~1929)는 베이징을 탈출하여 가까스로 일본으로 도피했다. 옥란당의 오른쪽은 광서제의 황후가 기거하던 의운관宜芸館이다.

　인수전의 오른쪽은 1891년에 지어진 덕화원德和園이다. 3층 건물인 덕화원에서 경극이 공연되었다. 경극의 무대는 2층이었는데, 3층에서 선녀가 내려오고 아래층에서 악마가 올라왔다. 경극 마니아였던 서태후는 덕화원의 맞은편에 있는 이락전頤樂殿에서 경극을 관람했다. 이락전은 서태후를 상징하는 봉황으로 장식되어 있다. 이 전각에는 서

태후가 경극을 관람하면서 아편
을 복용할 때 썼던 도구들이 전
시되어있다. 서태후는 열강에 대
처하기 위해 마련했던 군자금을
유용해 자신만을 위한 궁궐을 꾸
미고 이곳에 앉아 아편을 피우면
서 경극을 보고 있었다고 한다.
청나라가 망하기 바로 직전에 당
시 최고의 인기를 누리고 있던
탄신페이譚鑫培(1847~1917)와 양

<그림 56> 장랑

샤오러우 같은 경극 배우들이 이
덕화원에서 서태후를 위해 경극을 공연했다.

의운관을 지나면 정확히 728m나 되는 장랑長廊이 나온다. 고대 중
국인들은 원림에다 지붕이 있는 산책길을 만들었다. 빗속에서도 원림
의 아름다운 경치를 빗소리를 들으며 감상하기 위해서 만든 것이다.
장랑의 기둥과 대들보에는 1,400장에 달하는 꽃, 산수화 그리고 중국
역사와 문학에 나오는 장면들을 그린 그림이 걸려 있다.

장랑을 걸어가다 보면 완서우산萬壽山과 쿤밍후昆明湖의 장관이 펼
쳐진다. 항저우에 있는 아름다운 호수인 시후西湖를 본떠 쿤밍후를 만
들고 그 흙을 쌓아 완서우산을 만들었다고 한다. 완서우산 위에는 우
한에 있는 유명한 황학루黃鶴樓를 본떠 만들었다는 불향각佛香閣이 위
용을 자랑한다. 이름대로 이화원은 중국인들이 원림이라 부르는 정원
이다. 중국인들은 정원에다 자연과 조화로운 세계를 창조하고 싶어
한다. 그래서 그들의 정원에는 항상 산과 물이 존재한다. 이화원 또한

<그림 57> 완서우산과 쿤밍후

예외가 아니라서 완서우산은 양을, 그 아래 쿤밍후는 음을 표상한다.
쿤밍후에는 남호도, 조감당도, 치경각도 등 세 개의 섬이 있다. 이 섬
들은 고대의 '삼신산三神山'을 상징한다. 고대 중국인들은 그들 문화
의 상징인 황허가 흘러드는 곳에 유토피아가 있다고 믿었다. 이 삼신
산은 동쪽 바다에 있는 유토피아다. 이에 관해 사마천은 『사기』에 다
음과 같은 전설을 전한다.

> 제위왕齊威王(재위 B.C. 356~B.C. 320)과 제선왕齊宣王,(재위 B.C.
> 319~B.C. 301) 그리고 연소왕燕昭王(재위 B.C. 311~B.C. 279)
> 때부터 사람을 시켜 바다에 들어가 봉래와 방장 그리고 영주를 찾
> 게 했다. 이 세 신령스러운 산은 전하는 말에 의하면 발해 한가운
> 데에 있는데 속세로부터 그리 멀지 않다고 한다. 막 이르렀다고

생각되면 배가 바람에 끌려가 버린다. 언젠가 가본 사람이 있었는 데 여러 신선들과 불사약이 모두 거기에 있었다. 그곳에 있는 사물과 짐승들은 모두 희고 황금과 은으로 궁궐을 지었다고 한다. 이르기 전에 멀리서 바라보면 마치 구름과 같은데 막상 도착해 보면 삼신산은 도리어 물 아래에 있다. 배를 대려 하면 바람이 문득 끌어가 버려 끝내 아무도 도달할 수 없다고 한다.

진시황제 때 서불徐市이라는 제나라 출신의 마법사가 있었다. 그는 진시황제에게 상소를 올려 신선들이 산다는 삼신산을 찾아가 불사약을 구해올 것을 청했다. 그 넓은 중국을 통일하고 천하의 모든 것을 소유했던 진시황제가 마음대로 못하는 게 딱 한 가지 있었다. 바로 목숨에 관한 것이다. 그는 불로장생을 하고 싶었다. 그래서 그의 청을 받아들여 수천 명의 선남선녀와 함께 바다로 들어가 신선을 찾아보게 했다. 기원전 219년에 있었던 일이다. 근런데 서불은 끝내 돌아오지 않았다. 전설에 따르면, 서불은 일본으로 가 후지산 기슭에 정착했다고 한다. 뒤늦게 속은 것을 알고 서불과 같은 지식인들을 불신하게 된 진시황제는 진나라 수도인 셴양에서 당시 지식인 460명을 생매장했다. 이것이 그 유명한 분서갱유焚書坑儒이다.

장랑을 걸어가다 불향각을 향해 오른쪽으로 들어가면 앞으로는 쿤밍후를 바라보고 뒤로는 완서우산을 등지고 있는 낙수당樂壽堂을 만나게 된다. 서태후가 봄에서 가을까지 기거하던 곳이다. 서태후. 이름은 옥란玉蘭. 나라를 말아먹은

<그림 58> 서태후

여인, 중국인들의 서태후에 대한 인식이다. 서태후는 16세에 궁녀로 궁에 들어가 궁궐생활을 시작했다. 그녀는 무서우리만치 정치적 야욕이 강한 여인이었다. 함풍제의 관심을 끌기 위해 자금성 안에 있는 정원인 어화원에서 기다리고 있다가 황제가 지나갈 시간에 맞춰 노래를 불러서 환심을 샀던 야심 강한 여인 서태후. 그녀는 남다른 교양과 미모로 함풍제의 마음을 사로잡았다. 서태후는 함풍제의 유일한 아들을 낳은 덕에 함풍제가 죽고 왕위에 오른 다섯 살배기 어린 아들 동치제 同治帝(재위 1861~1875)를 도와 섭정함으로써 권력을 손에 쥐었다.

당시 서태후는 황후가 아닌 후궁이었다. 황제가 황후의 소생이 아니었기에 함풍제의 황후와 동치제의 생모인 후궁이 황태후로서 함께 황제를 돕게 되었다. 두 태후는 어전의 위치에 따라 동태후와 서태후로 불렸다. 정치에 별 관심이 없던 동태후 대신 실권을 잡은 것은 야심에 찬 서태후였다. 동치제가 천화라는 병에 걸려 19세의 어린 나이에 죽었다. 아들의 죽음을 보고, 여인의 몸으로 중국을 경영해야 할 막중한 책임을 맡았으니 어찌 보면 서태후는 불행한 여인이었다. 부와 권력에 대한 집착이 강했던 서태후는 자신이 계속하여 섭정할 수 있도록 세 살 난 조카를 계승자로 임명했다. 그가 바로 불운의 황제 광서제다. 권력의 유지에 눈이 어두운 서태후는 문인관료들보다 환관들을 신임했다. 그녀의 지원으로 환관들은 부와 권력을 누릴 수 있었다. 낙수당의 북쪽 벽에는 등나무로 그늘을 이루는 원형 문이 있는데, 이 문으로 나가면 이연영李蓮英(1848~1911)의 거처이다. 이연영은 서태후가 신임하는 부패한 환관이었다.

중국 역사에서 악명 높은 환관들이 많다. 진나라를 멸망시키는 데 일조를 했던 조고趙高(?~B.C. 207), 당나라 때 현종의 총애를 등에 업고 권력을 휘둘렀던 고력사高力士(684~762) 그리고 명나라 말 문인관료를 탄압하며 정치를 농단하여 명나라를 쇠락의 나락으로 빠져들게 했던 위충현魏忠賢(?~1627) 등 황제를 가장 측근에서 모신다는 이점 때문에 환관들은 황제의 총애와 신임을 얻을 수 있어 이를 이용해 무소불위의 권력을 행사한 사례가 많았다. 악명 높은 환관들은 황제에 버금가는 권력을 행사했다. 환관의 전횡으로 얼룩졌던 명나라의 전철을 밟지 않기 위해 청나라 황제들은 환관의 수를 줄이고 그들의 정치 개입을 철저히 차단했다. 그러나 서태후가 집권하면서 환관들이 다시 발호하기 시작했다. 중국 역사상 가장 간사한 환관으로 이름난 이연영은 서태후가 가장 총애하던 환관이었다.

환관, 소위 불알 깐 어중간한 사내. 궁궐 후궁들의 정조를 더럽힐 것이 염려되어 후궁들의 시중을 드는 모든 사내들을 거세했다. 거세는 황궁의 성벽 바로 바깥에서 이루어졌다. 거세된 남자라는 수치스러움을 감내하는 것만이 비참한 가난에서 벗어날 수 있는 유일한 길이었기에 거세를 자진하거나 아니면 그들의 부모나 아동 밀매상들에 의해 팔려왔다. 상처가 아물면 거세했다는 증명서를 받아 궁으로 들어가 환관이 될 수 있었다. 환관들은 궁궐 안의 온갖 궂은일을 도맡아 했다. 부엌일과 청소 같은 허드렛일에서부터 악사와 배우 또는 광대, 심지어 가장 높은 지위에 있는 환관은 옥쇄의 관리를 책임졌다. 환관들의 전횡은 당나라와 명나라 때 극에 달했다. 황제에 버금가는 권력을 휘둘렀다. 하지만 대부분의 환관들은 그들의 주인에게 충실했다.

이연영은 집 없이 거리를 떠돌아다니는 부랑아였다. 하루는 한 무리의 병사들이 채찍으로 사람들을 마구 때리며 길을 여는 광경을 목격했다. 그들의 뒤에는 6명이 들고 있는 의자식 가마 위에 앉아 대궐처럼 으리으리한 저택으로 돌아가는 한 환관의 모습이 나타났다. 그

때 소년 이연영은 결심했다. 환관이 되어 부귀영화를 누리겠다고. 9살에 궁으로 들어간 이연영은 머리 빗질을 잘해서 서태후의 총애를 받았다. 그는 또한 안마의 달인이었다. 서태후가 아무리 피곤해도 그의 손길만 거치면 가뿐히 나았다고 한다. 심지어 이연영은 경극 마니아로 잘 알려진 서태후의 환심을 사기 위해 경극을 배웠다고 한다.

이연영이 어떻게 서태후를 다루었는지를 잘 보여주는 이야기가 전해진다. 서태후는 외래문화가 베이징의 풍수에 나쁜 영향을 끼친다는 생각에 처음에는 베이징에 전기를 도입하는 것을 반대했다. 서태후는 특히 전깃불과 전선이 너무나 강한 양의 기운을 가져온다고 믿었다. 이연영은 자신에게 뇌물을 바친 외국 전기회사가 이화원에 발전기를 들여오는 것에 동의했다. 외국 전기회사는 서태후가 자금성에 간 사이에 낙수당에 여러 가지 색깔의 전구들을 설치했다. 서태후가 돌아왔을 때 이연영은 천장에 달려 있는 전등 하나를 가리키며 "어떤 색깔을 원하십니까?"라고 서태후에게 물었다. 서태후가 빨간색이라고 대답하자 이연영은 스위치를 올려 빨간색 전등을 켰다. 이 두 사람의 놀이는 다른 색깔의 전등으로 이어졌다. 결국 외국 전기회사는 이화원에 전기를 들여놓는데 성공했다.

서태후와 이연영은 환상의 명콤비였다. 이연영은 서태후의 신임을 얻기 위해 궁에서 일어나는 모든 일들을 보고했다. 아들이 태자인 것을 믿고 정사에 간여하는 서태후가 두려워 후환을 없애기 위해 제거하려 한다는 이야기를 엿듣고 이 사실을 서태후에게 일러바쳐 서태후의 막강한 신임을 얻었다. 이연영은 또한 이홍장과 같은 당대의 권력자들과 돈독한 관계를 유지했으며, 무술정변의 실패로 광서제가 영대瀛臺에 연금되고, 8개국 연합군이 베이징을 침입하고, 진비珍妃가 죽임을 당하는 일련의 정치적 혼란의 소용돌이 속에서도 서태후를 위해 묵묵히 악역을 담당했다. 8개국 연합군이 베이징을 공격했을 때는 서태후를 따라 시안으로 피신했다. 원명원이 영불 연합군에 의해 불타자 만감이 교차되던 함풍제는 몸져눕더니 다시는 일어나지 못하고 러허에서 죽었다. 서태후의 총애를 한몸에 받았던 이연영. 1874년 동치제가 요절하자 순친왕의 3살 난 아들을 황제의 자리에 옹립하자고 서태후에 건의한 사람이다. 그래서 어린 나이에 황제가 된 이가 광서제다. 서태후가 이연영의 재치로 수렴청정을 한 번 더 하게 된 셈이다. 서태후에게 이연영은 매우 고마운 존재였다. 이연영은 61세에 궁을 나왔다. 서태후가 죽은 뒤에는 서태후의 무덤을 지켰다. 평생 서태후의 곁을 떠나지 않고 보필했던 충직한 환관이었다.

서태후는 대단한 미식가였다. 그녀는 호사스러운 식사를 즐겼는데 서태후의 식사 때마다 수백 가지의 요리가 준비되었다. 서태후는 그 가운데 두세 가지 요리만을 맛보았다. 서태후는 진주를 무척 좋아했고 온몸을 진주로 치장했다. 매일 진주를 집어넣은 두부를 먹었다고 한다. 정치적 야심이 강했던 그녀는 삶에 대한 애착 또한 유별났다. 젊음을 오래도록 유지하고 싶었던 서태후는 매일 진주를 먹으면 젊어질 수 있다고 믿었던 모양이다. 진주는 식품이 아니다. 돌이다. 아름다운 돌이다. 그런데 서태후가 어떻게 진주를 먹을 수 있었을까? 진주를 집어넣은 두부를 49일 동안 끓였다고 한다. 궁궐 부엌에는 항상 49개의 약탕기가 24시간 가동되었다. 또 얼마나 많은 사람들이 이 일에 매달렸을까. 서태후는 젊게 오래 살려고 이 맛없는 두부 '수프'를 매일 먹었다. 서태후와 같은 이유로 클레오파트라도 진주를 식초에 녹여 마셨다고 한다.

두부는 웰빙 음식이다. 콩으로 만든 음식은 모두 몸에 좋다. 그래서인지 순두부와 두유는 웰빙에 엄청나게 신경 쓰는 중국인들이 즐겨 찾는 아침 메뉴다. 두부는 어떻게 만들어졌을까. 중국인들은 한나라를 세운 유방의 손자이자 자신이 거느린 수천 명의 식객을 동원하여『회남자』라는 유명한 책을 편찬한 유안劉安(B.C. 179~B.C. 122)이 두부를 발명했다고 한다. 연금술에 관심이 많았던 유안이 불사약을 만들다가 실수로 두부를 발명했다는 것이다. 그렇다면 두부는 실험에 실패한 불사약이라고 할 수 있다. 중국인들이 두부와 연금술을 연결시킨 것은 어떻게 보면 두부가 그만큼 몸에 좋다는 것을 강조하고 싶은 마음에서 나온 것이 아닐까?

두부는 값싸게 고단백질을 섭취할 수 있는 건강식품이다. 그래서 혹자는 이것이 중국의 인구가 증가된 주된 요인의 하나이며, 노동력이 넘치는 중국에서는 노동 집약적인 산업이 발달하지 않은 반면, 단백질 섭취를 위해 상대적으로 비싼 우유와 치즈 그리고 육류에 의존해야 했던 유럽인들은 인구의 밀도가 중국에 비해 낮으며, 따라서 노동 집약적 산업이 일찍부터 발달했다고 말한다. 재미있는 가설이다.

<그림 59> 이화원의 석방

그토록 긴 장랑의 끝이 보인다. 쿤밍후 호숫가에 배 한 척이 외롭게 정박해 있다. 석방石舫이라는 돌로 만든 배이다. 2층의 높은 누각이 있고 배의 길이는 24m 정도 된다. 서태후가 이곳에서 차를 즐겨 마셨다고 한다. 고대 중국인들은 원림을 조성하면서 바다의 분위기를 내기 위해 호숫가에 석방을 배치해두곤 했다. 이 석방은 원래 1755년에 만들었으나 1860년에 영불 연합군에 의해 파괴된 뒤 1893년에 서태후가 해군 군자금으로 다시 만든 것이다. 원래 것은 중국식으로 만들었으나 서태후에 의해 색유리를 끼운 미시시피 증기선 스타일로 만들었다. 많은 중국인들은 서태후가 해군의 군자금을 유용하여 이화원을 복구한 바람에 1895년 청일전쟁에서 청나라 해군이 일본 해군에게 참패했다고 비난한다.

이화원은 많은 변화를 겪었다. 이곳의 아름다운 경치를 일찍 발견한 금나라(1115~1234) 황제가 1153년에 이곳에 행궁을 두었다. 쿠빌라이 칸 때 몽골인들은 이곳에 호수를 팠고, 명나라 때에는 이 호숫가에 행궁을 두고 원림을 조성하여 호산원好山園이라 했다. 1750년에 건륭제는 60회 생일을 맞이한 어머니를 위해 이곳에 청의원淸漪園이라는 원림을 조성했다. 중국 강남 지역의 원림 경관을 매우 좋아했던 건륭제는 항저우에 있는 시후를 모방하여 원림을 설계하도록 명했다. 그리고 그는 어머니의 60회 생일을 축하하기 위해 많은 건물을 지었다. 건륭제의 청의원은 1860년에 영불 연합군에 의해 불타고 파괴되었다. 1888년에 서태후는 서구 열강들에 의해 파괴된 청의원을 복구했다. 그리고 이화원颐和園이라 개칭했다. 당시 청나라 정부는 청의원을 복구할 돈이 없었다. 1849년에 중국 경제의 원동력이던 운하가 제기능을 상실했다. 운하 바닥에 쌓인 토사를 치워 배가 통행할 수 있도록 수심을 유지해야 하는데 그 관리비를 부패한 청나라 관리들이 횡령했다. 청나라 정부는 운하를 방치했다. 운하가 막히고 난 그 다음 해인 1850년에 태평천국의 난이 일어났다. 배고픈 백성들이 들고일어난 것이다. 태평천국의 난은 1864년까지 지속되었다.

잠시 화제를 다른 곳으로 돌려 운하에 관해 살펴보자. 베이징 서북쪽에 지수이탄積水潭이라는 곳이 있다. '물을 쌓아놓은 물웅덩이', 이름이 참 특이하다. 원나라 때 천문학자이자 수학자이며 수리水利에 밝았던 곽수경郭守敬(1231~1316)이라는 관리가 강남으로부터 베이징으로 들어오는 조량漕糧의 운송을 원활히 하기 위해 이곳에 '적수積水'했다고 한다. 당시 운하의 종점은 베이징의 동쪽인 퉁저우通州였다. 여기서부터 수십 리 떨어진 베이징까지 육로로 물자를 운반해야 했다. 육로 운송의 불편함을 해결하기 위해 운하를 베이징 성 안까지 연결해야 했지만 50m의 고도차와 수량의 부족이 문제였다. 몇 차례의 실패 끝에 곽수경은 고도차를 11개의 갑문으로 해결하고 베이징 주변의 하천수를 끌어들여 운하의 수량을 확보하여 1293년에 드디어 퉁후이허通惠河라는 운하를 개통함으로써 남쪽 지방에서 이송된 물자를 운하를 통해 베이징 성 안까지 배로 직접 운송할 수 있게 되었다. 지수이탄은 퉁후이허의 종착점이다. 원나라 때 베이징의 물류 집산지였던 셈이다.

중국의 대운하는 수나라(581~618) 때 처음 건설되었다. 이후 수도가 카이펑과 항저우였던 북송과 남송 시대에는 수도로의 물자 공급에 큰 문제가 없었으므로 대운하의 중요성 역시 높지 않았지만, 쿠빌라이가 수도로 선택했던 베이징의 상황은 이전과는 판이했다. 송나라 때부터 경제 중심지로 자리를 굳혔던 강남의 곡창지대로부터 지속적으로 식량을 공급하지 않으면 제국의 수도를 지탱할 수 없었다. 따라서 원나라는 한동안 사용되지 않아서 곳곳이 막혀버린 대운하를 새롭게 개통하여 조량의 운송을 원활히 했을 뿐만 아니라 점차 해운을 통한 조량 수송량도 늘려갔다. 운하가 중요하기는 명나라도 마찬가지였다. 자신을 곱지 않은 시선으로 바라보는 신하들로 가득 찬 난징보다 자신의 본거지인 베이징이 훨씬 편했던 영락제는 베이징이 몽골의 침입을 저지하는 전략적 위치에 있다는 이유를 더 하여 난징에서 거의 1,000km 이상 멀리 떨어진 베이징으로의 천도를 감행했다. 그런데 경제 중심지에서 멀리 떨어진 베이징으로의 물자 공급 문제를 해결해야 했다. 그 해결책으로 영락제는 쿠빌라이의 전철을 밟아 대운하를 다시 개통했다. 대운하를 통해 창장 중류와 하류에서 생산되는 곡식과 물자를 베이징으로 운송함으로써 수도 베이징의 치명적인 약점을 보완하고자 했다.

영락제는 대운하를 개통한 직후 해운을 금지했다. 대운하가 개통되자 바닷길을 닫아버린 것이다. 명나라의 황제들은 중국의 위세를 세계에 떨칠 기회가 있었다. 그러나 그들은 1433년에 정화鄭和(1371~1433)의 해외원정을 중단하고 중앙아시아로 방향을 틀었다. 바다를 장악할 수 있었음에도 불구하고 중앙아시아로 방향을 돌린 이유가 무엇일까? 가장 중요한 이유는 몽골이 중국을 정복하는 악몽이 다시 일어나는 것을 원하지 않았기 때문이다. 그래서 명나라는 몽골을 견제하는 데 모든 정력을 쏟아야 했다. 이를 위해 대운하를 복구하고, 중국 북부의 조림造林을 다시 시작하고, 농경을 복구하고, 만리장성을 다시 쌓고, 베이징을 재건해야 했다. 명나라는 몽골에 대한 불안을 해결하는 것이 바다를 포기할 만큼 중대했던 것이다. 바다에서 중앙아시아로 관심을 선회함으로써 명나라는 대양탐험과 교역을 통해 얻어질 수 있는 중국의 근대화와 개화보다는 중국 서북부의 보존을 선택했다. 결국 중국은 바다를 포르투갈과 스페인, 네덜란드와 영국에 양보했다.

서태후는 근대적인 중국 해군의 창설을 위한 군함 건조비를 유용하여 청의원을 대대적으로 보수했다. 이것은 톈진의 북양함대를 지휘하던 이홍장李鴻章(1823~1901)의 묵인하에 이루어졌다. 이홍장은 태평천국의 난을 평정한 영웅이었다. 서태후는 공친왕恭親王(1833~1898)보다 이홍장과 호흡이 잘 맞았다. 군함 건조비를 유용하여 이화원을 복구하고 중국은 값비싼 대가를 치렀다. 청나라 해군이 청일전쟁(1894~1895)에서 참패하여 타이완을 일본에 할양했기 때문이다. 서태후는 이화원에서 여름을 보냈다. 그러나 그것은 오래가지 않았다. 1900년에 의화단을 지원한 서태후에 대한 보복으로 8개국 연합군은 이화원에 진입하여 새로이 지은 궁전들을 파괴했고 이화원에 있던 수많은 보물들을 약탈했다. 8개국 연합군이 베이징에서 철수하자 1902년에 서태후는 다시 이화원의 재건설을 명하고 열정적으로 이 복구 프로젝트를 감독했다.

잠깐 화제를 다른 곳으로 돌려 공친왕에 관해 이야기해 보자. 자금성 서쪽 시청취 허우하이後海 부근 류인제柳蔭街에 공왕부화원恭王府花園이 있다. 1760년대에 지어진 공왕부는 원래 건륭제 때 권신이던 화신和珅(1750~1799)의 저택이었다. 건륭제는 말년에 젊고 총명한 화신을 총애했다. 화신은 건륭제의 총애를 믿고 온갖 부패를 저질렀다. 1799년 건륭제가 죽자 가경제嘉慶帝(재위 1796~1821)는 부왕의 총신이던 화신을 죽이고 그의 재산은 몰수되었는데, 그가 축재한 재산이 대략 은 8억 냥이었음이 드러났다. 당시 중국의 한 해 세입이 4천만 냥이었던 걸 감안하면 한 사람의 부정 축재가 실로 엄청나다. 화신은 중국인들에게 탐관의 대명사로 인식된다. 건륭제의 총애를 받던 타락한 관리. 청나라 몰락의 조짐은 이미 건륭제 때 보이기 시작했다. 1799년에 화신으로부터 이 저택을 몰수한 가경제가 그의 동생인 경희친왕에게 하사하여 경왕부慶王府가 되었다가 1851년에 함풍제가 그의 여섯째 동생인 공친왕에게 하사하여 그때부터 공왕부가 되었다. 공왕부는 18세기에 조설근曹雪芹(약 1715~1763)이 쓴 장편소설『홍루몽紅樓夢』에 나오는 대관원大觀園의 모델이 되었다. 1960년대에는 공장으로 사용되었다가 1980년대에 와서 옛 모습을 되찾았다.

공친왕은 서태후와 동치제를 옹립하여 서태후의 섭정 정부에서 증국번曾國藩(1811~1872)과 이홍장 같은 한족 출신의 문인관료들을 등용하여 태평천국의 난을 비롯한 여러 민란들을 평정하고 서양 열강들과 우호적 관계를 유지하면서 그들의 근대과학을 배워 중국의 중흥을 꾀했던 양무운동의 중심인물이었다. 서태후는 외부세계에 대한 이해가 없었고 급변하는 세계정세에 대처하지 못했다. 그런 것은 별로 관심이 없었다. 오직 자신의 권력 유지에만 급급했던 서태후는 시대의 흐름에 역행한 사람이었다. 서태후를 비롯하여 대부분의 중앙 관료들이 외부세계에 전혀 무지하거나 반외세적인 성향을 취하고 있던 반면 공친왕은 시대의 흐름을 읽는 자였다. 외부세계의 정세를 읽고 중국이 새로운 변화에 어떻게 대처해야 하는지 고민했던 사람이다.

1856년 청나라 조정 관리가 영국 국적의 애로호라는 배를 검사하던 중 영국 국기를 끌어내려 모독한 이른바 애로호 사건으로 1858년 6월 체결한 톈진조약을 비준하기 위해 1860년 영국과 프랑스의 사절들이 톈진에서 베이징으로 향하던 중 청나라 군대가 그들이 타고 있던 배에 포격을 가하는 사건이 일어났다. 이로 인해 다시 전쟁이 터져 영불 연합군은 톈진에서 베이징으로 진격했다. 이들이 들이닥친다는 급보에 함풍제는 러허로 피신했고, 베이징을 점령한 영불 연합군은 무지막지한 파괴를 일삼으며 베이징 교외의 원명원을 불살라버렸다. 당시 중국의 운명은 베이징에 홀로 남은 27세 젊은 나이의 공친왕에게 맡겨졌다.

당시 대부분의 중국인들과 마찬가지로 공친왕 또한 외국 열강들을 야만인 취급했다. 그러나 그의 태도는 서구 열강과 조약을 체결하는 과정에서 바뀌었다. 조약의 협상자들이 중국의 근대화를 적극적으로 돕겠다는 의지를 보이고 그들의 우수한 무기 제조술을 중국에게 공개하겠다는 데 놀란 것이다. 이후 공친왕은 서구 열강들과 되도록 우호적인 관계를 맺으면서 그들의 모범적인 근대화를 모델로 삼아 중국의 자강을 도모하는 쪽으로 정책의 방향을 잡았다. 공친왕은 증국번·이홍장·좌종당左宗棠(1812~1885) 등 한족 지식인들을 등용하여 태평천국의 난을 평정하고 유럽의 근대기술을 도입하여 근대화를 통한 중국의 자강을 도모했다. 그러나 그의 노력은 오래가지 못했다. 공친왕의 권력이 비대해지는 것을 두려워한 서태후가 결국 그를 제거했던 것이다.

당시 청나라 정부는 아편전쟁 이후 여러 차례 유럽 열강들과 교섭하는 과정에서 언어 소통의 중요성을 절감했다. 언어 소통의 문제가 열강들과의 협상에서 중국이 불리하게 된 원인의 하나라고 생각했다. 1862년에 공친왕의 건의에 의해 중국 최초의 현대식 교육기관인 동문관同文館이 설립되었다. 동문관은 외국어에 능통한 관리를 양성하기 위한 목적에서 세워졌다. 외세에 대해 보수적인 정책을 고집하던 서태후가 중국 근대화의 필요성을 절감하여 1898년에 경사대학당京師大學堂이라는 서양식 국립대학을 설립했다. 기존의 동문관은 이 경사대학당에 합병되었다. 경사대학당은 신해혁명 이후 1912년에 베이징대학北京大學으로 개칭되었고 옌푸嚴復(1854~1921)가 초대학장에 취임했다.

베이징대학의 설립은 상징적인 의미를 지닌다. 1905년에 과거제도가 폐지되고 이어 1912년에 서양식 교육기관인 베이징대학이 설립됨에 따라 정치가로부터 지식인이 분리되었다. 정부는 더 이상 학자들로 채워지지 않았고, 학자들은 그들의 생계를 위해 정부에 매달리지 않아도 되었다. 서구의 지식과 가치관으로 무장한 새로운 지식인들은 외국 문학작품의 번역이 중국을 변혁시키는 관건이라 생각했다. 1916년 차이위안페이蔡元培(1868~1940)가 학장으로 취임하면서 베이징대학은 중국 신문화운동의 중심이 되었으며, 1919년 5·4운동의 발원지였다.

CHAPTER

톈안먼 광장

01
베이징의 중심 톈안먼 광장

    내성과 외성의 경계선에 쳰먼이 있다. 북쪽에서 남쪽을 향해 서 있는 정양먼 그리고 정양먼과 마주 보고 남쪽에 서 있는 젠러우가 쳰먼을 이룬다. 정양먼이 명나라의 수도로서 베이징의 위엄과 파워를 보여주는 상징물이라고 한다면 4층으로 된 건물에 총 94개의 활을 쏠 수 있는 구멍을 만들어 놓은 젠러우는 베이징 성이 포위되었을 때 첫 번째 방어선의 역할을 했다. 9년이라는 시간이 걸려 1419년에 쳰먼이 완공되었고 2년 뒤에 영락제는 난징에서 베이징으로 천도했다. 베이징에 자동차가 대중교통 수단으로 등장하기 전까지 쳰먼은 정양먼과 젠러우가 서로 연결된 반구형의 철옹성이었다. 19세기에 청나라 관료들은 베이징의 풍수를 해칠 수 있다는 생각에 정양먼 부근에 전차 선로와 전기 그리고 자갈을 깐 도로를 도입하는 데 반대했다.

    쳰먼에서 톈안먼 광장으로 향해 걸어가 보자. 동서로 길게 뻗은 창안다제長安大街 건너편 톈안먼 위에 걸려 있는 마오쩌둥毛澤東(1893~

1976)의 초상화가 눈에 들어올 것이다. 초상화 양옆으로 '중화인민공화국 만세'와 '세계 인민 대단결 만세'라는 문구가 걸려 있다. 옛 시절 황성으로 들어가는 입구였던 톈안먼이 지금은 현대 중국의 상징이 되었다.

첸먼의 북쪽에 위치한 톈안먼 광장은 세계에서 가장 큰 광장이다. 모스크바 붉은 광장의 3배이며, 미식 축구장 90개에 해당하는 면적이다. 북쪽에는 자금성, 동쪽은 중국국가박물관, 서쪽은 인민대회당 그리고 톈안먼 광장의 중앙에는 1958년에 세워진 37m의 인민영웅기념비가 서 있다. 모두 중화인민공화국 탄생 10주년을 기념하기 위해 1958년과 1959년 사이 10개월이란 시간이 걸려 완성되었고, 남쪽에는 1977년에 마오쩌둥의 시신을 영구 보존하기 위한 마오주석기념관이 들어섰다.

1949년 10월 1일, 마오쩌둥은 톈안먼의 발코니에서 중화인민공화국의 탄생을 선포했다. 이날 마오의 연설을 듣기 위해 톈안먼 광장에 모였던 30만의 군중들은 '중화인민공화국 만세,' '마오주석 만세'를 외쳤다. 20세기로 들어와 베이징이 수많은 변혁을 겪었지만 마오가 중화인민공화국을 선포하던 1949년의 그날까지도 톈안먼 앞은 15세기에 처음으로 건설된 이래 큰 변화 없이 옛 모습을 간직하고 있었다. 마오가 톈안먼의 발코니 위에서 내려다본 것은 여전히 동쪽과 서쪽 그리고 남쪽 3개의 성문이 지키고 있는, 담장으로 에두른 T자형 울타리였다. 이 T자형 울타리는 남쪽 외성의 융딩먼에서 북쪽의 종루까지 남북으로 길게 뻗은 중심축 선상에 있었다. 여전히 우주 중심으로서 황제의 위상을 상징적으로 보여주는 옛 기념비가 사라지지 않았다.

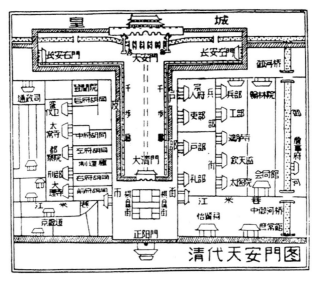

<그림 60> 청나라 때 톈안먼 앞 T자형 담장

명나라와 청나라 정부는 과거를 통해 관리를 선발했다. 가장 높은
단계인 진사 시험은 3년마다 자금성 안에서 치러졌다. 과거를 보기
위해 수험생들은 동쪽의 창안쭤먼長安左門을 통해 들어갔다. 시험이
끝나고 그 결과는 이 동쪽 성문 밖에 나붙었다. 그래서 창안쭤먼은
달리 '용문龍門'이라는 명예로운 이름으로 불렸다. '등용문登龍門'이라
는 말이 여기에서 나왔다. 자신의 이름이 용문에 오르면 가문의 영광
이다. 핑크빛 미래가 보장된다. 이와는 대조적으로 서쪽의 창안유먼
長安右門은 형벌 및 죽음과 관련 있다. 이 서쪽 문은 '호문虎門'이라는
이름을 얻었다. 매년 가을 첫 서리가 내리기 전 베이징 지역에서 사
형선고를 받은 죄수들은 이 '호랑이문'을 거쳐 들어와 다음과 같은
간단한 질문을 받았다고 한다. "네가 받은 사형선고가 정당한 것인가

아니면 부당하다고 생각하는가?" 대부분의 죄인들은 심한 고문에 녹초가 되어 대답할 힘도 없었다. 간혹 운이 좋은 죄수는 다음 해 가을에 똑같은 질문을 다시 받을 때까지 1년을 더 살 수 있었다. 음양오행에 의한 공간의 배치이다.

T자형 담장의 세로, 톈안먼 앞 남쪽으로 뻗어 있던 길은 천보랑千步廊이었다. 그 양옆으로 관청이 늘어서 있었다. 동쪽은 문관, 서쪽은 무관이 포진되어 있다. 이처럼 방향에 따라 관리의 성격을 나누어 건물을 배치한 것 또한 음양오행에 바탕을 둔 것이다. 삶은 동쪽에서 시작하여 서쪽에서 끝난다. 해의 움직임과 같다. 이러한 우주적 프로그램을 모방함으로써 중국의 천자는 그의 통치의 정통성을 보장받는다. 톈안먼은 황제의 덕이 발산되던 곳이다. 그의 문화적 영향력이 톈안먼 앞 양옆으로 늘어서 있는 육부六府의 관리들을 통해 온 백성들에게 그 혜택이 퍼져가는 것이다.

아직도 T자형 담장과 중화먼이 없어지지 않았다.

<그림 61> 1950년의 톈안먼 앞

마오쩌둥은 800년 고도 베이징에 정부를 세우기로 결정했다. 새로운 중국을 건설한 마오는 이러한 구시대 황제들의 자취를 없애야 했다. 새로운 정체성 정립이 필요했던 것이다. 마오는 T자형 담장을 무너뜨렸다. 1952년에 창안쭤먼과 창안유먼을 허물었고, 천보랑은 중화인민공화국 초기에 없앴지만 성벽은 허물지 않아서 T자형 담장은 그대로 남아 있다가 1955년부터 1957년 사이에 단계적으로 해체되었다. 1958년에는 인민영웅기념비를 세울 공간을 마련하기 위해 T자형 담장의 남쪽 문이던 중화먼中華門을 허물었다. 성벽과 성문, 비석, 인공하천, 다리, 패루 그리고 수많은 관청과 거주지 등 옛 봉건적 잔재들이 함께 사라졌다. 바로 그 자리에 인민대회당과 중국역사박물관(현재의 중국국가박물관)이 1958년과 1959년 10개월에 걸쳐 완성되었고, 1977년에 마오주석기념관이 건립되었다. 옛 건물들을 완전히 무너뜨리는 데 무려 30년의 세월이 걸렸다. 새로운 베이징과 중화인민공화국의 중심이 되기 위해서 톈안먼 광장은 담장으로 둘러싸인 폐쇄된 공간인 자금성에서 탈피하여 열린 공간으로 거듭나야 했던 것이다.

옛 담장을 허물고 건설한 톈안먼 광장은 새로운 중국의 상징적 중심이 되었다. 톈안먼 광장의 건설로 베이징의 무게 중심이 남쪽으로 내려왔다. 구시대 유물인 자금성을 뒤로 하고 현대 중국의 역사가 마오의 초상화가 걸려 있는 톈안먼에서 시작된 것이다. 톈안먼 광장을 가로질러 동서로 달리는 대로인 창안다제가 새로운 중심축으로 부각되었다.

<그림 62> 1977년의 톈안먼 광장

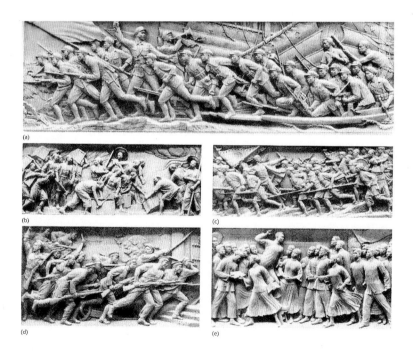

a. 승리하여 창장을 건너다勝利渡長江, b. 후먼에서 아편을 소각하다虎門銷煙, c. 진톈에서 의거를 일으키다金田起義, d. 우창에서 의거를 일으키다武昌起義, e. 5·4운동五四運動, f. 5·30운동五卅運動, g. 난창에서 의거를 일으키다南昌起義, h. 항일 유격전抗日游擊戰爭

<그림 63> 인민영웅기념비에 돌을새김한 조각들

현대 중국이 건설한 톈안먼 광장은 현재와 과거를 대비시킨 구도로 짜여졌다. 현대 중국의 '살아 있는' 지도자를 위한 톈안먼과 '죽은' 지도자가 안치되어 있는 마오주석기념관 그리고 과거의 역사를 담고 있는 중국역사박물관(현재는 중국국가박물관)과 현재의 역사를 만들고 있는 인민대회당이 서로 마주 보고 있다. 톈안먼과 마오주석기념관 사이, 남북의 중심축 위에 인민영웅기념비가 우두커니 서 있다. 황제는 북쪽에 있으면서 남쪽을 바라본다. 남향이 중국의 전통적인 도시설계의 기본 원칙이다. 계획위원회의 모든 위원들이 전통적인 방식에 따라 기념비를 남쪽으로 향하도록 하는 데 동의했다. 그러나 이 계획은 마오가 쓴 글씨를 새긴 중앙의 석판을 이 오벨리스크에 끼워넣기 바로 몇 분 전에 변경되었다. 북쪽으로 향하기로 계획을 바꾼 것이다. 마오와 저우언라이周恩來(1898~1976)의 동의 아래 당시 베이징 시장이었던 펑전彭眞이 내린 결정이었다. 그 이유가 뭘까? 인민영웅기념비를 북쪽으로 향하도록 세워두면 바로 톈안먼과 마주 보게 된다. 그럼으로써 톈안먼 광장은 남면의 구도에서 탈피하여 남북의 축과 동서로 뻗은 창안다제의 축이 만나는 지점이 된다. 사방의 중심이 된 것이다. 또한 톈안먼(현재)과 마오주석기념관(과거) 그리고 중국국가박물관(과거)과 인민대회당(현재)의 중심점에 위치함으로써 과거와 현재의 중심점에 서게 되는 것이다.

02
톈안먼 광장 그리고 마오쩌둥

<그림 64> 인민영웅기념비와 그 너머로 보이는 마오주석기념관

정양먼의 북쪽에 마오주석기념관이 있다. 마오쩌둥의 시신을 영구히 보존하기 위해 설계된 마오주석기념관은 중화먼 자리 위에 세워

졌다. 중화먼은 명나라 때 다밍먼大明門이었고, 만주족이 청나라를 세운 뒤에는 다칭먼大淸門으로 이름이 바뀌었다가 중화민국이 들어서면서 다시 이름이 중화먼으로 바뀌었다. 1958년에 인민영웅기념비를 세우기 위해 허물었다. 마오주석기념관의 건설은 마오쩌둥이 죽은 지 두 달 뒤인 1976년 11월에 시작하여 1977년 5월에 완공되었다.

마오는 대단한 정치가였다. 건륭제 이래 오랫동안 침체되어 있던, 분열되고 혼란에 빠져 있던 이 거대한 중국을 다시 하나로 뭉치게 한 사람이 바로 마오였다. 그는 침략의 위협으로부터 중국의 국경을 안전하게 지켰다. 중화인민공화국 초기에 마오는 중국 인민들에게 건륭제의 시대가 끝난 이래로 오랫동안 느끼지 못했던 자긍심을 갖게 해주었다. 중국인들은 '70%의 공과 30%의 과오'라는 말로 마오를 평가한다. 마오는 결국 70점짜리 지도자인 셈이다.

<그림 65> 선전화 포스터

문화대혁명(1966~1976) 시기 마오쩌둥과 그의 공산당 정부는 '조화로운 중국' 건설을 위해 시각이미지를 어떻게 이용했는가? 이것을 가장 잘 보여주는 예는 선전포스터宣傳畵이다. 선전포스터는 문화대혁명 동안 대량으로 유통되었다. 당시 선전포스터는 중국 전역에 걸쳐 어디에서나 볼 수 있었다. 선전포스터는 이미지와 텍스트가 결합된 이른바 '아이코노텍스트iconotext'라고 할 수 있다. 폴 마틴 레스터 Paul Martin Lester는 '가장 강력하고, 의미 있고, 문화적으로 중요한 메시지는 텍스트와 이미지가 동등한 방법으로 결합된 메시지이다. 텍스트가 포함되어 있는 시각메시지는 한 개인에게 지식을 전달하고, 그를 교육하고 설득하는 데 가장 강력한 힘을 가진다'라고 했다. 텍스트가 딸린 선전포스터는 문화대혁명 동안 중국 인민들에게 마오의 공산당 정부가 지향하는 사회주의 이데올로기를 교육시키기 위해 생산되고 유통되었다. 당시 중국 인민들의 문맹률이 높은 상황에서 텍스트가 아닌 시각적인 이미지를 통한 이데올로기 교육은 매우 효과적인 교육수단으로 이용되었다. 선전포스터는 당시 중국인들에게 사회주의 이데올로기를 주입하기 위한 관방담론을 보완하는 시각담론으로 자리했다. 선전포스터는 문화대혁명의 실체를 파악하는 데 매우 중요한 이미지 자료이다.

선전포스터에서 다루어진 아이콘들 가운데 가장 많은 부분을 차지하는 것은 마오쩌둥과 관련된 아이콘들이다. 그 한 예로, '마오주석, 안위안에 가다毛主席去安源'는 1921년 마오쩌둥이 장시성 서쪽에 위치한 안위안에 가서 노동자운동을 조직하고, 철도와 광산 노동자들의 총동맹 파업을 주도했던 것을 소재로 1967년에 중화인민공화국 창립 18주년을 기념하기 위해 류춘화劉春華가 그린 유화 작품명이다. 이 대

<그림 66> '마오주석, 안위안에 가다'

형 그림은 1967년 10월 1일 중국혁명박물관(지금은 중국국가박물관)에 처음으로 공개되어 많은 관중들로부터 호응을 얻었다. 이 그림이 교육적 효과가 있음을 판단한 중국 정부는 1968년 7월에 이 유화를 무려 9억 장의 선전포스터로 인쇄하여 중국 전역에 유포했으며, 『인민일보』를 위시하여 각지 언론들은 이 유화를 극찬하며 대대적으로 홍

보했다. 또한 중국 정부는 '마오주석, 안위안에 가다'를 기념하는 우표를 발행했으며, '마오주석, 안위안에 가다' 아이콘을 배지로 제작했고, 그해 린뱌오林彪(1907~1971)와 장칭江靑(1914~1991)이 이 배지를 가슴에 달고 다녔으며, 저우언라이가 자신의 방 벽에 유일하게 걸어두는 그림은 '마오주석, 안위안에 가다' 선전포스터였다. '마오주석, 안위안에 가다' 아이콘은 또한 동상이나 자기로 만든 인물상 등 다른 시각매체를 통해 재생산되어 널리 유통되었다.

'마오주석, 안위안에 가다' 아이콘을 통해서 알 수 있듯이, 문화대혁명 시기 마오쩌둥 아이콘은 선전포스터, 우표, 자기로 만든 마오쩌둥상毛主席瓷像, '마오쩌둥 배지毛澤東像章', 동상 등 다양한 시각매체를 통해 유통되었다. 아이콘은 생산, 유통, 수용의 과정을 거친다. 아이콘에 코드화된 의미를 해석하고, 마오쩌둥 아이콘의 유통 과정 그리고 이 아이콘들이 어떻게 당시 중국 대중들에게 수용되었는가를 살펴봄으로써 마오와 문화대혁명 시기 중국 정부가 그들의 정권을 공고히 하고 중국 인민들을 하나로 결속하기 위해 시각이미지를 어떻게 이용했는지를 알 수 있다.

현대 중국 사회는 그림, 동네 골목 게시판, 전광판, 우편, 엽서, 배지 , 사진, 포스터, 영화, 광고, 텔레비전, 인터넷 등 다양한 매체를 통해 이미지를 만들어낸다. 시각텍스트들은 또한 생산되어 사회에 유통되고 수용되는 과정을 거친다. 문화대혁명 이후에도 마오쩌둥 아이콘의 수용은 문화대혁명을 겪은 아방가르드 예술가들에 의해 계속되었다. 그들에게 문화대혁명 시기는 암담한 시대였다. 그들은 문화대혁명과 1989년 6·4 톈안먼 사태의 슬픈 역사에 대한 자신들의 저항의식을 대중매체를 통해 표출했다. 그들은 마오쩌둥 아이콘을 변용했다.

<그림 67> 왕진쑹, 「톈안먼 앞에서」

<그림 68> 쑨쯔시, 「톈안먼 앞에서」

한 가지 예를 들어보자. 아방가르드 예술가인 왕진쑹王勁松(1963~)의 작품 「톈안먼 앞에서」는 마오의 시대인 1964년에 쑨쯔시孫滋溪(1929~)가 그린 선전포스터와 제목이 같다. 쑨쯔시의 「톈안먼 앞에서」는

마오의 초상화가 걸려 있는 톈안먼 앞에서 기념사진을 찍고 있는 당시 인민들의 모습을 담았다. 같은 구도의 왕진쑹의 「톈안먼 앞에서」에서 톈안먼 앞에 서 있는 사람들은 사회주의 혁명 시절의 노동자, 농민 그리고 군인들이 아닌 세련된 패션 감각을 지닌, 전문직에 종사하는 도시민들이다. 그들은 쑨쯔시의 선전포스터에 묘사된 인민들처럼 톈안먼 앞에서 웃고 있지만, 그들의 가면을 쓴 것 같은 얼굴에서는 과장된 웃음을 보여준다. 톈안먼은 중국의 통치자가 '백성들' 앞에 군림하는 곳이다. 쑨쯔시의 선전포스터에서 톈안먼의 정중앙에 걸려 있는 초상화 속 마오쩌둥의 시선은 톈안먼 광장과 광장 앞에 있는 인민들을 지배하고 있지만, 왕진쑹의 그림에서 인민들을 통제하는 마오쩌둥의 시선은 사라졌다. 그의 초상화는 쑨쯔시의 그림에서 톈안먼 앞에 서 있던 인민들보다 훨씬 크게 부각되어 있는 현대 도시민들에 의해 가려져 있다. 이것은 현대 중국의 이데올로기 부재에 따른 사회주의 혁명의 이상에 대한 거부를 의미한다. 현대 중국의 새로운 톈안먼 광장은 물질주의와 상업주의의 영향을 받은 도시민들에 의해 '점령'되었다. 문화대혁명 시기에 어린 시절을 보낸 왕진쑹은 마오쩌둥 아이콘을 변용함으로써 마오의 전제정치에 대한 자신의 저항적 생각을 표현했다. 마오쩌둥 아이콘 수용자의 아이콘 재생산인 셈이다.

왕진쑹뿐만 아니라 왕광이王廣義(1957~), 자오반디趙半狄(1966~), 아이웨이웨이艾未未(1957~), 사오이농邵逸農(1961~)과 무천慕辰(1970~) 등 현대 중국의 많은 아방가르드 예술가들이 마오쩌둥 아이콘을 변용하여 중국 정부에 대한 그들의 저항적 생각을 표출했다. 이들의 작품을 분석함으로써 비(非)관방의 지식인들이 관방에 대한 자신들의 저항적 생각을 이미지를 통해 어떻게 표출하는지를 살펴볼 수 있다.

03
중국 각지의 모습을 반영한 인민대회당

<그림 69> 인민대회당

인민대회당은 현대 중국의 상징인 톈안먼 광장에서 지금의 중국을 가장 잘 보여주는 곳이 아닐까? 인민영웅기념비에서 서쪽으로 발길을 옮겨 현대 중국을 알기 위해 인민대회당을 들여다보자. 인민대회

당은 중국의 최고 권력기관인 전국인민대표대회(이하 전인대全人代)가 열리는 회의장이다. 인민대회당에 들어와서 받은 첫인상은 이곳이 수많은 크고 작은 방들로 가득 차 있다는 것이다. 가장 큰 방은 중국 전역에서 선출된 지역대표들이 모인 전국인민대표대회가 열리는, 말 그대로 만 명을 수용할 수 있다는 만인대례당, 5천 명을 수용할 수 있는 대연회청 그리고 그 밖의 각종 방들이 수두룩하다. 이 많은 방들 가운데 우리의 관심을 끄는 것은 34개의 방으로 이루어진 지방청地方廳이다. 중국 전국 34개 지역을 대표하는 방들이다. 각 지역의 예술가와 건축가들이 심혈을 기울여 디자인하고 꾸며놓은 방들이다. 그 지역의 특색을 잘 말해주는 유명한 경관을 벽화로 그려놓거나 특산물 같은 것을 전시해놓았다. 예를 들어, 베이징청은 자금성을 그린 큰 그림을 벽에 걸어두었고, 신장청은 위구르의 장인들이 만든 양탄자를 깔아 놓았다. 티베트청에는 라마불교의 불화인 탕카를 벽화로 그려놓았다. 저마다 지역의 특색에 맞게 방을 꾸며놓은 것이다. 지금은 쓰촨청과 상하이청만 개방하고 있다.

이 34개 방을 기획한 중국 정부의 발상이 놀랍다. 34라는 수는 중국 전체 행정구역을 합한 수이다. 중국에는 타이완을 포함하여 23개의 성이 있다. 베이징, 상하이, 충칭 그리고 톈진 등 4개의 직할시가 있고, 광시 쫭족 자치구, 네이멍구 자치구, 닝샤 후이족 자치구, 티베트 자치구, 신장 웨이우얼 자치구 등 5개의 자치구가 있다. 그리고 마지막으로 2개의 특별행정구로 홍콩과 마카오가 있다. 이 모두의 수를 합하면 34가 된다. 그래서 34개 방은 중국 전체를 상징한다. 인민대회당은 1958년 10월에 짓기 시작하여 10개월 만에 완성했다. 새로운 베이징을 건설하는 데 마오와 저우언라이의 생각이 많이 반영되었다고 한다. 이 34개 방을 만들 생각은 누가 한 것일까? 왜 이 방들이 놀라운 것인지 그 이유를 이제부터 찬찬히 풀어보자.

옛날에 우임금이라는 사람이 있었다. 중국인들이 중국 최초 왕조라고 여기는 하나라를 세웠다는 전설상의 인물이다. 그는 하나라를 세우면서 중국을 9개 지역으로 나누었다. 이것을 '구주九州'라고 한다. 우임금은 이 9개 지역으로부터 두 가지 공물을 바치게 했다. 하나는 각 지역에서 나는 금속이고 다른 하나는 각 지역을 대표할 수 있는 사물을 그린 그림이다. 우임금은 각 지역에서 공물로 보낸 금속을 녹여 청동기 세 발 솥을 주조하고, 거기에다 그 지역에서 함께 보낸 그림을 새겨 넣었다. 9개 지역에서 보낸 금속으로 만들었으니 세 발 솥은 모두 9개가 된다. 이것이 이른바 '구정九鼎'에 관한 전설이다. 우임금 이후 고대 중국의 통치자들은 이 구정을 나라의 보물로 여겨 대대로 전했다고 한다. 하나라 주변의 9개 지역의 부족들이 그들 지역에서 나는 쇠붙이와 사물을 우임금의 하나라로 보냈다는 것은 곧 하나라의 권력에 복속하겠다는 생각을 표명한 것으로 해석된다. 9개 지역에서 보낸 공물로 9개 세 발 솥을 만든 것은 곧 그들이 하나의 정치적 연합체로 묶여졌다는 것을 의미한다. 9개 세 발 솥을 소유함으로써 우임금은 통일된 정치권력을 행사할 수 있는 것이다.

다시 인민대회당에 있는 34개의 방으로 돌아가자. 우임금의 9개의 세 발 솥이 마오의 34개의 방으로 교체되었을 뿐 그 의미는 동일하다. 타이완과 홍콩을 포함한 중국 전국 각 성과 자치구, 직할시와 특별행정구 34개 지역의 예술가와 건축가들이 그들이 해당된 지역을 상징하는 방을 설계하고, 그 한정된 공간에 그 지역을 대표할 수 있는 문화상징물들의 그림을 그려 방을 장식했다. 우임금이 9개 지역을 상징하는 사물의 그림을 청동기에 새겨 넣은 것과 다르지 않다. 자신이 속한 세계의 문화상징물들을 수집하는 것은 문화적 동질성을 추구하기 위한 보편적인 행위다. 문화를 수집하는 것은 곧 세계를 자신의 것으로 만드는 상징적인 행위다. 문화 수집은 수집한 대상 지역에 대한 문화적 지배를 의미한다. 세계를 수집하는 것은 곧 세계를 지배하는 것이다. 34개 지역의 문화를 구성하는 다양한 상징물들을 인민대회당이라는 한정된 공간에 둠으로써 이 상징물들은 특정한 시간과 공간의 역사적 맥락에서 벗어나 문화적 동질성을 갖게 된다. 하나 된 중국. 중국 정부가 바라는 것이다.

인민대회당 1층에는 양쪽으로 두 개의 커다란 벽시계가 서로 마주 보고 있다. 이 두 개의 벽시계는 중대한 상징성을 지니고 있다. 중국은 유럽 전체 면적에 맞먹는 광대한 땅을 갖고 있음에도 불구하고 하나의 시간대를 고수하고 있다. 베이징 시간이 중국의 표준시간이다. 그것도 여기 인민대회당 1층에 있는 벽시계를 기준으로 한다. 참으로 의미심장한 시계다. 1년에 한 번 열리는 전인대에 참석하기 위해 중국 각지에서 수많은 지역 대표들이 이곳으로 모여든다. 벽시계가 있는 중앙대청은 만인대례당과 바로 연결되어 있다. 지역 대표들은 만인대례당으로 들어가기 전에 이곳에 걸려 있는 벽시계를 보고 그들의 시계를 맞춘다. 만주에서 티베트까지, 중국 전 지역이 그들의 지역 시간을 베이징 시간으로 맞춘다. 하나의 통일된 시간으로 다민족국가인 하나의 중국으로 다스려 보겠다는 생각이다. 시간을 장악하여 중국을 통치하겠다는 발상. 참으로 기발하다.

만인대례당을 들여다보자. 중국 전역에서 지역 대표들이 모여 중국의 중요 정책을 결정하는 곳이기에 인민대회당에서 가장 크고 가장 중요한 이 회의장은 건설될 때부터 그 크기와 설계에 대해 논란이 많았다. '만 명을 수용할 수 있는 회의장'을 건설하겠다는 의도는 일찌감치 표면화되었지만, 일부 건축가들은 지나치게 거대한 규모에 대해 우려를 표시했다. 그러나 이 무리해 보이는 계획은 실행에 옮겨졌다. 이 회의장이 중국과 그 인민의 이미지를 공간적으로 구현하는 상징적인 건축 공간이라는 이유에서였다. 유럽 전체 면적과 맞먹는 거대한 나라 중국, 당시 인구 6억 5천만의 인민을 대표하는 사람들이 한자리에 모여 중국의 중요 정책을 결정하고, 그들의 경험을 서로 주고받는 이러한 거룩한 장소가 만 명을 수용할 정도의 공간은 되어야 한다는 생각에서였다.

이 회의장에서도 우리의 눈길을 끄는 게 하나 있다. 위를 올려다보라. 커다란 붉은 별 하나가 천장 위에서 반짝인다. 이 회의장이 중국과 그 인민을 상징한다면, 천장의 설계는 인민에 영원히 군림할 공산당의 불변하는 권위를 강조하고 있다. 둥근 천장은 광활한 우주를 상징하며, 그 한가운데 떠 있는 붉은 별은 중국 공산당의 지도력을 표상한다. 황금빛을 발하는 붉은 별은 황금빛 해바라기 문양에 둘러싸여 있다. 또 그 주위를 수많은 작은 불빛들이 포진하고 있다. 앞서 이미 살펴보았듯이, 하늘의 수많은 별들로 둘러싸인 북극성은 중국의 황제를 상징한다. 그런데 이 회의장 천장에 표현된 우주에는 붉은 별이 북극성을 대신하고 있다.

<그림 70a> 만인대례당

<그림 70b> 기년전의 천장

중국 황제의 존재를 느낄 수 있는 자금성과 천단 그리고 이화원의 천장은 모두 동일한 구도다. 천단에 있는 기년전의 천장을 예로 들어보자. 사계절을 의미하는 4개의 기둥, 그 큰 기둥 사이의 작은 기둥을 합해 12개의 기둥은 12달을 상징한다. 그래서 이 기둥들은 시간을 표상하고, 둥근 들보는 하늘, 네모난 들보는 땅을 상징하니, 하늘과 땅이다. 중국에서 우주의 의미는 시간과 공간을 합한 개념이다. 기년전의 천장은 그래서 우주의 모습을 구현해 놓았다. 이 둥근 천장의 중앙에 황제를 상징하는 황금빛 용이 아로새겨져 있다. 우주의 중심에 용이 있는 것이다. 만인대례당 천장에는 붉은 별이 황금빛 용을 대신하고 있다. 우주자연의 주기적 순환을 표상하고 비를 내리게 해주는 존재인 용 대신에 중국공산당을 표상하는 붉은 별이 그 자리를 차지하고 있다.

<그림 71> 강산이 이처럼 아름다워라

2층의 영빈청 입구에 큰 그림 하나가 걸려 있다. 1959년에 푸바오스傅抱石(1904~1965)와 관산웨關山月(1912~2000)라는 당대 최고의 두 거장이 중화인민공화국 건국 10주년을 기념하기 위해 합작하여 그린 「강산이 이처럼 아름다워라江山如此多嬌」라는 제목의 그림이다. 5.5m의 높이에 폭이 9m로, 인민대회당에서 가장 큰 그림이다. 그림의 제목 '江山如此多嬌'는 마오가 직접 쓴 것이다. 마오가 유일하게 그림에다 쓴 글씨다. 두 거장이 중화인민공화국 건국 10주년에 즈음하여 위대한 중국의 면모를 보여줄 수 있는 대작을 그려 달라는 의뢰를 받았을 때 이들은 영광스러우면서도 한편으로는 걱정이 많았다. 그림이 잘못되면 중국의 명예와 존엄이 손상될 것만 같았다. 그들이 받았을 스트레스는 대단했을 것이다. 이 그림의 제작에 저우언라이가 관여했다. 저우언라이는 이 두 원로화가들이 작업에 몰두할 수 있도록 고궁박물원에 작업실을 마련하여 그들을 배려했다. 두 거장은 밑그림이 완성될 때마다 저우언라이를 찾아가 그의 의견을 물었다. 그래서 그림에 저우언라이의 생각이 많이 반영되었다. 그림을 보자. 그림의 아래쪽은 중국 남쪽 지역의 푸른 산천을, 위쪽은 눈발이 휘날리는 북쪽 지역을 그리고 그 사이에는 황허와 창장 그리고 만리장성을 그려 놓았다. 중국 전체 지역을 한 폭의 그림에다 모두 표현해 놓은 것이다. 그림의 오른쪽 하늘에 붉은 태양이 떠 있다. 원래는 작게 그려 놓았던 것을 저우언라이의 주문에 의해 다시 크게 그렸다고 한다. 이 붉은 태양은 중국 공산당의 지도자인 마오를 상징한다. 저우언라이의 말이다. 다 완성된 그림을 보고 만족해하며 마오가 그 특유의 행서체로 그림의 제목을 왼쪽 하늘에다 썼다고 한다.

<그림 72> 중국국가박물관

<그림 73> 중화구정

　중국국가박물관이 2006년 5월 18일에 '중화구정中華九鼎'이라는 9개의 청동기를 일반에게 공개했다. 중국에 전설로 전해지던 우임금이 만들었다는 구정이 중국국가박물관에 의해 복원되어 중화구정의 제막식이 성대하게 거행되었다. 고대 중국에서 세 발 솥 청동기는 국가

와 권력의 상징으로 인식되었다. 우임금의 구정에 관한 이야기는『서경·우공』과『좌전』에 수록되어 있다. 텍스트에 따르면, 우임금은 천하를 구주로 나누고, 구주의 주목들에게 그들의 지방에서 나는 금속과 함께 명산대천과 기이한 사물을 그린 그림을 바치게 했다. 우임금은 거둬들인 청동으로 9개의 정을 만들고 각각의 정에는 각 지방에서 바친 그림을 새겨 넣었다. 1개의 정은 1개의 주를 상징한다. 우임금은 이 구정을 왕성王城에 보관했는데 이것은 국가의 통일을 상징한다.

우임금의 구정이 중화구정으로 복원된 시점이 중국 정부가 21세기 중화민족 '부흥의 길復興之路'을 모색하던 때와 같다. 구정을 소유함으로써 우임금은 통일된 정치권력을 행사할 수 있었다. 이 구정을 중국 정부가 복원했다. 그 이유는 간명하다. '하나의 중국'을 상징하는 구정을 통해 중국 인민들의 결속을 다지겠다는 것이다.

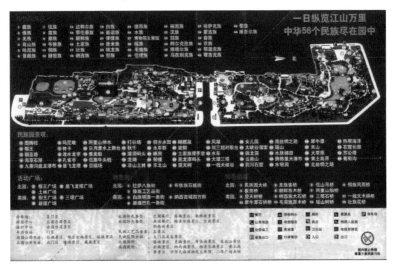

<그림 74> 중화민족박물원 안내도

중화구정의 연장선에서 베이징에 있는 중화민족박물원과 민족문화궁 등의 민족박물관을 분석할 수 있다. 베이징시위원화와 베이징시 정부의 적극적인 지원을 받아 건립된 중화민족박물원은 중국 56개 민족들 고유의 건축물을 망라하여 전시하고 있으며, 민족문화궁은 중국 56개 민족을 대표하는 전통 민족 복식과 24개 민족의 문자로 기록된 문헌을 소장하고 있다. 이 박물관에 소장된 중국 56개 민족을 표상하는 다양한 문화상징물들, 예를 들면 티베트 장족藏族의 가면, 중국 서남부 이족彝族의 복식, 묘족苗族의 악기인 호생芦笙 등이 탈공간화, 탈맥락화하여 민족문화궁이라는 한정된 공간에 진열됨으로써 하나의 통일된 중국을 이루게 된다.

04
마오 아이콘의 부활

1990년대부터 현재까지 마오쩌둥을 비롯하여 과거 문화대혁명 시기 민족 아이콘들이 중국의 대중들에 의해 수용되고, 이 아이콘들이 그들에 의해 재생산되어 유통되었다. 대중문화와 자본주의 시장경제가 주도하는 현대 중국 사회에서 마오를 비롯한 문화대혁명 시기에 생성되었던 민족 아이콘들이 상품화되는 과정에서 중국인들의 일상생활 속에서 유통되고 수용되었다. 예전에는 관방에서 사회주의를 선전하기 위한 수단으로 이용되었던 민족 아이콘들이 이제는 티셔츠, 배지, 넥타이, 스티커, 머그잔, 탁상시계의 도안, 의류 등 축소된 형태로, 구매할 수 있고, 휴대하고 다니며, 몸에 걸칠 수 있는 물건이 되어 가게의 진열대에 전시되기 시작했다.

<그림 75> 동방홍 음료수 광고

<그림 76> 양건스의 사진을 붙인 광고판

　1990년대 이후 마오와 문화대혁명 시기의 아이콘들은 대중문화와
자본주의 시장경제 속에서 상품화된다. 과거 마오 시대에 국가國歌였
던 '동방홍東方紅'은 상품명으로 이용되었고, 과거 혁명 영웅들과 사
회주의 구호 또한 광고를 위한 목적에서 변용되었다. 중국 기업 진리
라이金利來는 1998년 베이징의 한 거리에 기업 로고와 함께 그 뒷면에
혁명 열사인 양건스楊根思(1922~1950)의 사진을 붙인 광고판을 설치
했고, 마오 아이콘이 맥도날드 로고와 함께 광고판을 장식했다. 그가
쓴 시 또한 티셔츠의 도안이나 광고에 이용되었다. 한 진공청소기
회사는 마오가 그의 사회주의 노선에 반기를 든 반동분자들은 먼지
처럼 쓸어버려야지 스스로 사라지지 않는다는 의미에서 말한 '먼지
는 스스로 사라지지 않는다灰塵不會自己跑掉'를 TV 광고에 이용했다.

중국에는 마오 배지를 수집하는 마니아들이 많다. 그림은 류리창에서 촬영한 것이다. 가게 앞에는 마오의 초상화 밑에
수많은 마오 배지들을 진열해 놓았다.

<그림 77> 마오의 배지

　　1989년부터 마오쩌둥 숭배 현상이 일어나기 시작했다. 마오쩌둥 숭
배는 마오 탄생 백 주년이 되는 1993년 후반에 와서 절정에 달했다.
1980년대 후반에 덩샤오핑鄧小平(1904~1997)의 개혁개방 정책은 교착
상태에 빠져있었다. 덩샤오핑의 전략은 '도광양회韜光養晦'였다. 빛을
감추고 어둠 속에서 힘을 기른다는 것이다. 덩샤오핑은 톈안먼 사태
를 무력 진압한 이후인 1991년 중국 지도부에 대외 전략과 관련한 '20
자 방침'을 전달했다. "미국을 비롯한 외부 세력과 충돌을 피하고, 종
합 국력을 발전시키며, 안정적 발전을 추진한다. 빛을 감추고 은밀하
게 힘을 기른다"는 내용이다. 덩샤오핑의 개혁개방으로 중국은 수십

년간 휘황한 두 자릿수 경제 성장이 계속되었다. 그러나 이 눈부신 경제 성장에서 소외된 이들, 특권층에 밀려 기회를 박탈당하고 절망하는 이들은 상상을 초월하는 부정부패와 빈부격차 그리고 족벌주의 정치에 분노했다. 점점 더 많은 중국인들이 권력·부·권리·기회가 소수에만 집중되는 현실에 실망하고 분노했다. 당의 지도력과 정치개혁 시도는 내분에 의해 위축되었다. 중국 정부가 현 정권의 권위를 확고하게 다지기 하기 위해 과거의 혁명 영웅들을 홍보하는 데 열을 올렸지만, 대중들의 반응은 그들이 기대했던 것과는 달랐다.

1990년대 중국 대중들에게 마오는 과묵하고 뛰어난 사상가이자 전략가이었으며, 경제적 안정과 평등 그리고 민족적 자긍심을 가져다주었던 시대의 민족 상징으로 기억되었다. 저우언라이는 그의 건강을 해치면서까지 조국과 인민을 위해 그의 생을 바친 애국적인 수상이었다. 장쩌민江澤民(1926~)이나 리펑李鵬(1928~) 그리고 주룽지朱鎔基(1928~) 같이 혼탁한 내부 투쟁을 통해 권력 핵심부에 오른 관료들과 비교해 볼 때 마오나 저우언라이 같은 과거 지도자들은 중국 대중들에게 신처럼 거룩해 보였다. 중국 대중들의 마오 숭배는 외국에 대한 반감도 한 원인이 되었다. 마오는 서구의 도움을 받지 않고도 중국을 통치했으며, 중국인들에게 자긍심을 고취시켜 주었다. 그리고 이 자긍심은 덩샤오핑의 개혁개방 결과로 사라져 버렸다고 생각했다.

마오와 문화대혁명 아이콘들은 이제 대중문화의 영역으로 들어왔다. 소비사회에서 상품화된 마오 아이콘은 더 이상 정치적 의미에 구속을 받지 않는 것처럼 보인다. 마오를 비롯한 문화대혁명 시기의 민족 아이콘들은 이제 중국 소비자들이 구매하고 향유하는 상표가 되었다. 민족 상징들이 상품화됨에 따라 그 정치적 의미를 상실한다는 생각은 민족주의 이미지와 상품시장의 만남의 현상을 제대로 파악한 것이 아니라는 생각이 든다. 여기에는 소비자와 상품화된 민족 아이콘 사이의 복잡한 관계가 내포되어 있다. 마오와 문화대혁명 아이콘들이 대중문화와 상품시장을 만남으로 인해 아이콘에 담겨져 있는 정치적 함의가 상실되었다기보다는 오히려 다양한 형태를 통해 예전에는 미치지 못했던 대중들의 일상생활 영역에까지 퍼져 나갔다고 생각된다.

상품화된 아이콘들은 본래 지니고 있던 정치적 함의를 상실하지 않았을 뿐만 아니라 아이콘의 생산과 유통이 더욱 확대되었고, 소비 대중들이 문화대혁명 때의 선전구호나 마오 아이콘을 그려놓은 티셔츠를 입거나 마오 아이콘이 새겨져 있고 불을 켜면 혁명가인 '동방홍' 노래가 흘러나오는 라이터를 몸에 지니고 다니게 됨에 따라 아이콘이 지닌 정치적 함의가 일상생활 속에서 다양하게 해석될 수 있는 여지를 제공했다. 관방에서 행해졌던 거대한 마오 동상이나 벽보 등과 비교해 볼 때 미니어처로 축소되어 몸에 휴대하고 다닐 수 있는 상품화된 아이콘들은 대중들에게 영향을 주기에 보다 적합한 매체일 것이다.

05
애국주의 교육의 실천

　냉전시대의 종말 이후 세계는 민족 부흥에 관심을 쏟았다. 이러한 민족주의가 부상하는 세계적인 현상에 중국 또한 예외일 수 없었다. 마오쩌둥의 사회주의 이데올로기가 급속도로 몰락하고, 중국 공산당의 지속적인 안정의 확보가 절실했던 중국 정부는 중국 인민들을 하나로 결속하기 위한 대안적인 이데올로기로 민족주의에 크게 의존했다. 중국 정부는 그들의 입지를 공고히 하기 위해 중국 민족의 상징과 신화를 총동원했다. 중국 정부는 또한 인민들에게 애국주의를 호소했다.

　1989년 이후 중국 정부의 이데올로기적 권위가 약화됨에 따라 장쩌민 정부는 마오쩌둥 사상을 대신할 민족주의의 입지를 강화하기 위해 1994년 8월 23일 '애국주의 교육 실시강요愛國主義教育實施綱要'를 반포했다. 애국주의 교육의 목적은 중국의 민족혼을 고취하고, 민족 단결을 높이고, 중국인들의 민족적 자존감을 세우자는 것이었다.

장쩌민 정부의 애국주의 교육 프로젝트는 실행에 옮겨졌다. 1995년 3월에 중화인민공화국중앙선전부(약칭 중선부中宣部)는 1차로 100곳의 '애국주의 교육 기지'를 선정하여 발표했고, 1995년 5월에 중선부와 국가교육위원회 등은 '전국 초중고 학생들에게 추천하는 100종의 애국주의 교육 도서에 관한 통지'를 발표하여, 전국 초중고 학생들에게 100종의 애국주의 교육 도서를 읽고, 100편의 애국주의 영화를 관람하고, 100곡의 애국주의 노래를 배워서 부를 것을 장려했다. 또한 1996년 11월에 국가교육위원회와 문화부 그리고 국가문물국 등 중국 정부의 주요 기관들은 전국 초중고 학생들에게 추천하는 100곳의 애국주의 교육 기지를 확정했고, 이후 2009년 5월까지 4차에 걸쳐 총 353곳의 애국주의 교육 시범기지를 선정하여 공포했다.

중앙 정부의 애국주의 교육 기지 정책에 호응하여 CNTV(중국네트워크방송국中國網絡電視臺)는 2009년에 '나의 조국: 애국주의 교육 기지 전자전시관我的祖國: 愛國主義敎育基地網上展館' 망을 구축했으며, CCTV는 '나의 중화를 사랑한다: 전국 애국주의 교육 시범기지 순례愛我中華: 全國愛國主義敎育示範基地巡禮'라는 대형 다큐멘터리를 제작하여 269곳의 애국주의 교육 시범기지를 탐방했다.

박물관을 비롯하여 역사적 인물의 기념관, 혁명 유적지 등으로 구성된 애국주의 교육 기지는 애국주의 교육에 관한 중국 정부의 생각을 공간화하여 시각적으로 보여준다. 우리는 애국주의 교육 기지에서 중국 인민들을 하나로 결속하기 위한 애국주의 교육을 실천에 옮기기 위해 중국 정부가 어떠한 노력을 기울이고 있는지를 읽을 수 있다.

06
부흥의 길

　신해혁명이 일어난 지 100년, 중국의 화두는 부흥이었다. 1911년 10월 1일 '우창 봉기'로 시작된 신해혁명은 청 제국을 무너뜨려 2천 년 넘게 계속된 중국 황제제도를 끝내고 아시아 최초의 공화정을 세웠다. 그리고 또 100년이 지나 후진타오胡錦濤(1942~)는 '위대한 중화민족의 부흥'을 외쳤다. 후진타오가 이끄는 중국 4세대 지도부는 마오쩌둥의 사상과 덩샤오핑의 이론 그리고 장쩌민의 '3대 대표론'을 계승했다. 그러나 후진타오가 힘써 외친 것은 사회주의 이념이 아닌 '조화로운 사회和諧社會'와 '화평굴기和平崛起(평화로운 발전)' 그리고 '중화민족의 위대한 부흥中華民族的偉大的復興'이었다. 그의 외침은 사회주의보다는 중국 민족주의에 호소한다. 사회주의 이데올로기가 부재한 상황에서 애국주의는 중국 인민을 하나로 만들 수 있다.

　개혁개방 이후 자본주의 경제가 중국인들의 의식을 지배하는 상황에서 중국 정부가 인민을 계몽하는데 가장 강력한 힘을 발휘하는 것은 대중매체이다. 중국 정부가 가장 보편적으로 사용하는 홍보 방법 가운데 하나는 TV 드라마를 이용하여 애국 정서를 고양시키는 동시에 당에 대한 충성심을 유도하는 것이다. 2004년에 중국인들의 TV 드라마 시청률은 29.4%로, 모든 TV 프로그램 가운데 가장 높은 시청률을 보였다. 중국의 TV는 「옹정왕조雍正王朝」(1999), 「강희왕조康熙王朝」(2003), 「한무대제漢武大帝」(2004) 등 과거 중국의 강력한 통치자들을 다룬 거대한 스케일의 역사 드라마를 제작, 방영하여 중국의 인민들에게 과거 영광스러웠던 시대를 상기시켰다. 이들 역사 드라마의 공통점은 강희제, 옹정제 그리고 건륭제를 모두 완벽한 성군으로 만들었고, 사실을 지나치게 미화했다는 것이다. 이 드라마들의 방영 시점은 장쩌민의 3대 대표 정신을 대대적으로 홍보했던 시기와 맞물린다.

중국에서 최고의 시청률을 자랑하는 프로그램은 CCTV의 '새해특별공연春節聯歡晚會'이다. 이 버라이어티쇼는 전통적으로 온 가족이 모여 송년회를 보내는 새해 전날 저녁 8시부터 자정 너머까지 방영된다. 이 프로그램이 시작된 1983년 이래로 이 호화 쇼는 90%가 넘는 놀라운 시청률을 자랑한다. 10억이 훨씬 넘는 중국인들이 이 프로그램을 시청한 것이다. 중국 정부는 이 프로그램을 사회주의 이데올로기를 홍보하는 데 이용했다. 예를 들면, 중국 최초의 우주인인 양리웨이楊利偉가 2004년 새해특별공연에 출연했다. 양리웨이는 중국인들에게 국가의 영웅이자 민족의 상징이다. 유인 우주선의 성공은 이른바 중화민족 전체의 사기를 고양시키기 위한 매우 적절한 수단이었다. 양리웨이를 TV 프로에 등장시킴으로써 중국 정부는 TV 앞에 모인 10억 인민들에게 날로 발전하는 중국의 과학 기술과 강대한 국력 그리고 중화민족의 위대함을 보여줄 수 있다. 이를 통해 중국 정부는 공산당 전체와 중국 내 모든 민족들의 단결을 기대할 수 있다.

2005년은 정화鄭和(1371~1433)가 보물선 함대를 이끌고 인도양 너머 아프리카로 떠나는 항해를 시작한 지 6백 년이 되는 해였다. 아메리카 대륙을 발견한 콜럼버스Christopher Columbus(1451~1506)보다 87년 먼저 바다를 누볐던 그를 기리는 행사가 중국 전역을 휩쓸었다. 기념주화를 발행하고, 세미나를 개최하고, 드라마를 제작하는 등 관련 행사는 그해 내내 중앙과 지방 언론에 대대적으로 홍보되었다. 모든 프로그램의 마지막 초점은 당연히 정화의 애국정신 선양에 맞추어져 있었다.

2006년에는 CCTV가 3년에 걸쳐 제작한 역사 다큐멘터리 「대국굴기大國崛起」가 중국 전체를 뒤흔들었다. 스페인, 포르투갈, 네덜란드, 영국, 프랑스, 독일, 일본, 러시아, 미국의 전성기와 발전 과정을 12부작으로 제작하여 TV 시청의 황금 시간대에 방영했다. 강대국의 흥망을 결정하는 요인을 분석한 파일의 마지막 부분은 '21세기 대국의 길'이었다. 강대국과 패권을 다투려는 중국의 야심이 기존 강대국의 성장과정을 통해 노골적으로 드러나고 있었다. 전면에 걸쳐 강대국을 향한 길에 무엇보다도 중국민의 정신이 뒷받침되어야 한다는 논리가 시종일관 돌출되고 있었다. 관련 책과 DVD는 전국의 모든 서점과 좌판에서 베스트셀러였고, 한동안 중국 전체가 강대국 중국의 도래를 축하하는 분위기에 휩싸였다. 2009년 중화인민공화국 건국 60주년을 맞이하면서 애국 선풍은 이어지고 있었다. 「대국굴기」의 후속편인 「부흥의 길復興之路」이 되풀이 방영되고 있었으며, 항일 전쟁, 국공 내전 등 전쟁 드라마가 중앙과 지방 방송국의 저녁 시간을 점령했다. 지금까지도 전쟁 영화와 드라마는 전쟁의 참상을 알리기보다는 오로지 애국주의 선동에 집착하고 있다.

중국의 TV 뉴스는 TV 프로그램 가운데 드라마 다음으로 높은 시청률을 점하고 있다. CCTV의 뉴스채널은 24시간 뉴스를 방영한다. CCTV의 '뉴스 연합보도新聞聯播'는 저녁 7시부터 7시 30분까지의 황금 시간대에 뉴스를 보도한다. 중국 정부는 중국의 모든 지방 방송국들이 이 뉴스 프로그램을 동시에 방영하도록 요구한다. '뉴스 연합보도'는 CCTV 최고위층들로 구성된 '뉴스 연합보도' 편집부의 철저한 검열을 거친 엄선된 뉴스를 보도한다. CCTV의 '뉴스 연합보도'는 『인민일보』, 중앙인민라디오방송국과 함께 중국 정부의 가장 중요한 뉴스 창구이다.

CCTV의 뉴스 프로그램인 '동방시공東方時空'은 대부분의 시청자들이 출근하기 전인 아침 7시에 1시간 동안 뉴스를 보도하고, '초점방담焦點訪談'은 황금 시간인 오후 7시 38분에 30분 동안 뉴스를 보도한다. CCTV1의 뉴스 프로그램인 '뉴스조사新聞調査'는 매주 월요일 저녁 10시 30분에 45분 동안 예민한 사회문제들을 심층 취재하여 보도한다. 그리고 CCTV의 뉴스 채널을 통해 화요일, 토요일, 일요일에 재방송한다. 1998년 10월 7일에 주룽지는 '초점방담' 제작진들과 만나 CCTV의 뉴스 프로그램이 중국의 여론을 감독하고, 인민들을 대변하고, 정부의 거울이 되고, 개혁의 선봉 역할을 해주기를 당부했다.

TV 뉴스는 당과 정부를 대변하고, 정부의 긍정적인 면만을 보여준다. 중국의 정치적 안정에 부정적인 영향을 줄 수 있는 내용은 검열을 통해 삭제된다. 중국의 모든 방송국은 정부가 소유하고 있다. 중국의 방송국은 중선부의 통제를 받고 있다. 중국 정부는 중선부 산하의 검열기관인 '국가라디오영화텔레비전총국'을 통해 중국의 대중매체를 통제하고 있다.

개혁개방을 한 지 30년이 지난 지금 중국의 TV 방송국은 중대한 전환기를 맞고 있다. 중국 정부의 지원금이 대폭 삭감된 상황에서 중국의 TV 방송국은 공익사업에 이바지하는 '사업단위'에서 상업이익을 추구하는 '기업단위'로 탈바꿈했다. 그들은 중국 정부와 당의 대변자 역할을 지속적으로 충실히 수행함과 동시에 이익을 추구하는 기업으로서 소비자인 시청자들의 욕구를 충족시켜주어야 한다. 애국주의교육 정책과 그 실천방안인 애국주의교육기지는 중국 정부가 미래의 주역들인 청소년들에게 민족혼과 애국심을 고취시켜 중국을 하나로 결속하기 위한 조치였다고 한다면 대중매체인 TV는 일반 대중에게로 향해 있다. 현재까지 중국의 당과 정부는 TV를 비롯한 대중매체를 그들의 정권 유지를 보장하는 매우 중요한 정치수단으로 인식하고 있다. 중국 정부는 '조화로운 사회' 건설을 위해 대중매체를 최대한 이용하고 있다. TV를 통해 그들의 시각정치학을 읽을 수 있다.

07
톈안먼 광장의 공자 동상

공자가 부활하고 있다. 문화대혁명 때 마오쩌둥에 의해 짓밟혔던 유교는 장쩌민이 '위대한 중화민족의 부흥'을 내세우면서 되살아났다. 국영 방송은 위단于丹이라는 젊은 여교수의 논어 강좌를 비롯해 문학·역사·철학·의학·군사 등 전통문화 강좌를 쏟아냈다. 중국은 또 세계 속에 스스로를 '문명대국'으로 자리매김하기 위해 공자를 활용했다. 2004년부터 중국 교육부는 세계 각국에 있는 대학교들과 교류하여 중국 문화와 중국어 등의 교육 및 전파를 위해 공자학원을 세웠다. 지금까지 120개 국가에 440개의 공자학원이 세워져 외국인에게 중국어와 다도·서예 등을 가르친다. 세계 최초의 공자학원은 2004년에 한국 서울에서 공자아카데미라는 이름으로 설립되었다.

그리고 2011년 1월 11일에 베이징의 심장부인 톈안먼 광장에 9.5m의 공자 동장이 세워졌다. 신중국에서 봉건주의 잔재로 여겨졌던 공자는 5·4운동과 문화대혁명에서 타도의 대상이었다. 그랬던 공자가

<그림 78> 톈안먼 광장 중국국가박물원 앞에 서 있는 공자 동상

이젠 톈안먼에 걸린 마오쩌둥 초상화보다 더 크고 웅장한 모습으로 톈안먼 광장에 입성했다. 공자 동상은 광장 맞은편 톈안먼에 걸린 6m 높이의 마오 초상화보다 규모가 크다. 마오쩌둥은 문화대혁명 기간에 공자와 유교를 철저하게 탄압했는데, 이제 공자 동상과 마오 초상화가 광장을 중심으로 마주 보게 되었다. 그런데 그해 4월 21일에 톈안먼 광장의 새로운 상징이 되어 센세이션을 일으켰던 공자 동상이 돌연 철거됐다. 4월 21일 새벽 중국국가박물관 북문 앞에 세워졌던 공자 동상은 갑자기 박물관 내부로 옮겨졌다. 공자 동상을 톈안먼 광장에 세운 지 100일만의 일이다. 박물관 측은 국가박물관 개·보수 설

계 때 계획되었던 것이라며, 박물관을 개관하기 전 잠시 외부에 세워둔 것이라고 해명했다. 하지만 무게가 17톤이나 되는 공자 동상을 곧이 미리 세워둔 후 옮길 필요가 있을까라는 점에서 추측이 난무했다. 더욱이 당시 뤼장선呂章申 박물관장은 『베이징완바오北京晚報』와의 인터뷰에서 "공자 동상이 세워진 북문 광장은 국가박물관의 중요한 창구이며 정치·문화적으로 중요한 위치이다. 여러 분야의 의견을 모은 끝에 이 자리에 공자 동상을 세우기로 결정했다"며 의미를 설명했었다. 애당초 공자 동상을 세워 무너진 도덕성과 인성을 회복하고자 했으나, 중국 정부의 이데올로기와 충돌하자 철거하여 박물관 내부로 옮긴 것이 아니냐는 분석이다. 후싱더우胡星斗 베이징이공대 교수는 "인의와 화해를 주창하는 공자 사상과 투쟁을 강조하는 마르크스주의가 양립할 수 없기 때문"이라며 "유교 사상이 중국의 미래 가치관과 배치한다고 판단한 때문"이라고 주장했다. 혹자는 "중국 지도부가 유학을 부활시키려던 생각을 접고 좌향좌로 선회한 것"이라고 말했다.

08
다시 담장 속으로

<그림 79> 벽에 차이拆가 적혀 있는 후통

<그림 80> 拆那China

텐안먼 광장에서 북쪽으로 발길을 옮겨 고루를 향해 걸어가 보라. 고루의 담장을 끼고 골목 안을 들어가 보라. 베이징의 드넓은 후통의 세계가 펼쳐진다.

중국을 여행하다보면 가끔 집 벽에 큰 글씨로 '拆'라는 글자가 적혀져 있는 광경을 볼 수 있다. 갈라질 '탁'자이다. 중국어는 '차이'라고 발음한다. 해체한다는 뜻이다. 이 글자가 벽에 붙어 있으면 그 집은 곧 철거될 것이라는 표식이다. 사합원이 점점 사라지고 있다. 전통문화가 사라지는 것을 안타깝게 생각하는 중국인들은 차아拆에 '나那'자를 더하여 China와 연결시켜 사합원이 철거되는 것을 비꼰다.

<그림 81> 장샤오강, 「대가족」

　비슷한 맥락에서 왕광이王廣義(1957~), 웨민쥔岳敏君(1962~) 그리
고 팡리쥔方力鈞(1963~)과 함께 현대 중국 아방가르드 국내파 4인방
가운데 한 사람인 장샤오강張曉剛(1958~)은 1990년대부터 대가족과
혈통을 주제로 그림을 그리기 시작했다.

　어딘가 우울해 보이는 눈빛의 젊은 부부 가족을 그린 그림이다. 장
샤오강의 작품 속 인물들은 공통적으로 개성이나 성의 정체성이 부
재하다. 그림을 자세히 살펴보라. 뭔가 이상한 점을 발견할 수 있다.
게놈 지도를 연상시키는 가느다란 붉은 선이 젊은 부모와 아기를 연
결하고 있다. 붉은 실핏줄을 통해 자신들의 피를 아들에게 수혈하고
있는 젊은 부부. 그로 인해 혈색이 도는 살찐 아들과 상대적으로 말

라가는 부모의 수척한 얼굴이 대비된다. 살갗을 한 꺼풀 벗겨낸 것 같은 얼굴의 상흔은 혈연을 강조한다. 이 그림은 한 가정 한 자녀 갖기 정책으로 야기된 중국 가족의 미래상과 희망 그리고 그들의 정체성에 관해 이야기하고 있다. 중국에서 가족은 공자와 유교에 의해 구축된 사회질서의 토대였다. 장샤오강은 이 그림에서 중국 정부의 인구 억제 정책으로 인해 파괴된 가족을 표현한다. 그의 그림에 나타난 인물들은 모두 문화대혁명 시기의 중산복을 입고 있다. 장샤오강은 그림에서 마오와 문화대혁명을 의식적으로 암시하고 있다. 그림의 제목 '대가족Big Family'에 걸맞지 않게 그림에 나타난 가족은 겨우 3명뿐이다. 중국 공산당 정부의 정책에 의해 전통적인 사회질서가 급속하게 붕괴되고 있음을 비판하고 있다.

장양張楊 감독이 1999년에 만든 영화 「샤워洗澡」는 아버지와 그의 두 아들에 관한 이야기다. 이 영화는 베이징에서 오래된 도시 공간이 사라지는 것을 묘사하고 있다. 오래된 목욕탕은 곧 철거될 운명에 놓여 있다. 목욕탕이 사라지면 그와 함께 이전의 생활방식과 공동체 사회 또한 사라질 것이다. 이 영화는 이젠 찾아볼 수 없는 옛 생활방식을 향수 어린 눈으로 바라보고 있다. 아버지 류스푸劉師傅는 베이징 후통 속에 있는 오래된 목욕탕을 운영하고 있다. 큰아들 다밍大明은 오랫동안 집을 떠나 선전深圳에서 사업

<그림 82> 영화 「샤워」 포스터

가로 활동하고 있다. 저능아인 둘째 아들 얼밍二明은 아버지와 함께 살며 목욕탕 일을 돕고 있다. 잘못된 아버지의 부음을 듣고 집으로 돌아온 큰아들은 점차 아버지의 낡고 오래된 목욕탕과 목욕탕 주변의 후통 속 지역사회, 정겨운 이웃들 그리고 옛 베이징의 매력에 빠져든다. 그는 후통 속 지역사회에서 목욕탕이 얼마나 중요한 곳인지를 깨닫게 되고, 가족과 아버지 그리고 동생을 새롭게 이해하게 된다. 영화의 끝에서 아버지는 죽는다. 그리고 목욕탕은 문을 닫게 되고 철거된다. 가족의 소중함을 깨닫게 된 다밍은 그의 동생을 돌보기로 결심한다.

영화는 미래에 나올 법한 샤워기계 안에서 한 남자가 샤워를 하고 있는 모습에서 시작된다. 그 모습이 마치 셀프 세차장에서 세차기계로 차를 씻고 있는 것 같다. 이러한 샤워기계는 세차나 패스트푸드처럼 친근감이나 정이 없어 삭막하다. 영화는 중국 전통 방식의 목욕탕으로 시선을 옮겨, 느리게 그리고 정겹게 사는 사람들의 모습을 보여준다. 목욕탕에는 아버지의 오래된 단골들이 있다. 그들은 이 목욕탕에서 피로를 풀면서 한가롭게 잡담을 나누고 차를 마시거나 장기를 둔다. 한 무리의 단골들은 한창 귀뚜라미 싸움에 빠져 있고, 다른 이들은 마사지를 받거나 부항을 뜨고 있다. 그 속에서 아버지는 말다툼하는 단골 이웃들을 화해시키고, 멀어진 부부 사이를 가깝게 만들어 주고, 목욕탕 바깥에서 들이닥친 불량배들로부터 단골을 보호해 준다. 그래서 목욕탕은 급속하게 변화하고 현대화되고 있는 바깥 세계가 가져다주는 고통과 위험 그리고 폭력으로부터 벗어난 평화와 평온을 느낄 수 있는 공간이 되었다.

이 영화에서 아버지는 그의 인생에 관한 이야기를 두 아들에게 들려준다. 아버지의 고향은 산시성 북부였다. 척박한 땅과 물이 부족한 이곳은 중국 문화의 발원지이다. 어머니는 아버지와의 결혼 전날 밤 목욕을 한다. 물이 부족한 메마른 땅인 산시성 북부에 사는 이들에게 목욕은 사치였다. 그들은 평생에 두세 번 정도만 목욕을 할 수 있었다. 물의 소중함은 이 영화가 끝날 때까지 계속적으로 강조된다. 예를 하나 들자면, 목욕탕의 단골인 젊고 뚱뚱한 남자는 샤워를 하거나 그의 몸에 물이 뿌려질 때만 노래를 부를 수 있다.

아버지가 죽고 다밍은 얼밍을 정신병원으로 데리고 간다. 그러나 병원의 환경은 얼밍을 미치게 한다. 얼밍은 걸레질하고, 욕조를 닦고 물을 바꾸는 매일 반복되는 목욕탕의 일에 익숙하고 만족했다. 낮에는 아버지를 도와 목욕탕 일을 하고 저녁이 되면 아버지와 함께 후퉁 속을 뛰어다니며 즐겁게 놀았다. 집으로부터 멀어지게 되자 얼밍은 혼잡한 바깥세상에서 길을 잃는다. 그는 형이 살았던 바깥세상의 세계를 잘 이해하지 못했다.

다밍은 동생과는 달랐다. 그는 세차를 하는 동안 차 안에서 친구와 패스트푸드 사업에 관한 이야기를 나눈다. 그는 아버지를 위해 안마기를 사가지고 왔다. 그러나 그가 가져온 전기 안마기는 목욕탕에서 아버지가 단골들에게 안마해 줄 때 느끼는 손길의 촉감과 시원함에는 훨씬 미치지 못한다. 점차 아버지와 동생의 세계를 이해하기 시작한 다밍은 선전으로 돌아가는 것을 계속해서 늦춘다. 똑똑한 형과 우둔한 동생은 뚜렷하게 대비된다. 그리고 이것은 덩샤오핑이 개혁개방 심혈을 기울여 건설한 선전의 이익을 추구하는 자본주의 문화와 옛 베이징의 전통문화와의 대비로 확대된다.

영화의 끝에서 아버지의 목욕탕은 현대식 상업 지구를 건설하기 위해 철거(차이拆)되었다. 목욕탕의 단골이던 오랜 이웃들은 서로 헤어져 이 대도시의 다른 곳들로 흩어졌다. 귀뚜라미도 함께 사라졌다. 귀뚜라미는 땅의 기운을 받지 못하는 고층 아파트에서 살 수 없다. 보금자리를 잃은 얼밍은 어떻게 될까?

필자는 2007년 여름 한 달을 베이징에서 지냈다. 필자가 머문 호텔은 고루에서 매우 가까운 곳에 있었다. 고루에서 옛 베이징 내성의 북쪽 문인 더성먼德勝門이 있는 곳까지의 공간은 아직도 사합원이 많이 남아 있다. 필자는 베이징에 있는 동안 저녁마다 고루 주변 드넓은 후통의 숲을 노닐었다. 그 속은 마치 영화「샤워」에 나오는 목욕탕 같았다. 현대화된 도시 속에서 아직도 느린 삶을 고집하는 사람들이 살고 있다.

이은상 ───────────

단국대학교 중어중문학과를 졸업한 후, University of Arizona-Tucson과 University of Wisconsin-Madison에서 석사 과정을 마치고 단국대학교 대학원에서 중국소설 연구로 박사 학위를 받았다. 중국 문화와 예술에 많은 관심을 가지고 지속적으로 연구를 해 왔다. 최근에는 청나라의 시각문화와 물질문화에 깊은 관심을 두고 여러 대학에서 중국 문화와 예술에 관한 강의를 비롯하여 관련 연구에 힘쓰고 있다.

저서로는 『시와 그림으로 읽는 중국 역사』, 『담장 속 베이징문화』, 『장강의 르네상스: 16-17세기 중국 장강 이남의 예술과 문화』, 『이미지로 읽는 양쯔강의 르네상스』, 『이미지로 읽는 중국의 감성』, 『중국 문인들의 글쓰기』 등이 있다.

**3개
열쇳말로
읽는
베이징**

초판인쇄 2014년 10월 6일
초판발행 2014년 10월 6일

지은이 이은상
펴낸이 채종준
펴낸곳 한국학술정보㈜
주소 경기도 파주시 회동길 230(문발동)
전화 031) 908-3181(대표)
팩스 031) 908-3189
홈페이지 http://ebook.kstudy.com
전자우편 출판사업부 publish@kstudy.com
등록 제일산-115호(2000. 6. 19)

ISBN 978-89-268-6665-8 93910